复合人才培养系列丛书

在线教育技术与创新

◎ 胡列 胡蝶 编著

华中科技大学出版社
http://press.hust.edu.cn
中国·武汉

图书在版编目(CIP)数据

在线教育技术与创新 / 胡列，胡蝶编著. —武汉：华中科技大学出版社，2024.4.
ISBN 978-7-5772-0021-7

Ⅰ.①在⋯　Ⅱ.①胡⋯　②胡⋯　Ⅲ.①网络教育-研究　Ⅳ.①G434

中国国家版本馆 CIP 数据核字(2024)第 086787 号

在线教育技术与创新
Zaixian Jiaoyu Jishu yu Chuangxin

胡　列　胡　蝶　编著

策划编辑：汪　粲
责任编辑：徐定翔　梁睿哲
封面设计：原色设计
责任校对：刘　竣
责任监印：周治超

出版发行：华中科技大学出版社(中国·武汉)　　电话：(027)81321913
　　　　　武汉市东湖新技术开发区华工科技园　　邮编：430223
录　　排：华中科技大学惠友文印中心
印　　刷：武汉科源印刷设计有限公司
开　　本：787mm×1092mm　1/16
印　　张：13
字　　数：298千字
版　　次：2024年4月第1版第1次印刷
定　　价：69.00元

本书若有印装质量问题，请向出版社营销中心调换
全国免费服务热线：400-6679-118　竭诚为您服务
版权所有　侵权必究

作者简介

胡列,博士,教授,1963年出生,毕业于西北工业大学,1993年初获工学博士学位,师从原中国航空学会理事长、著名教育家季文美大师。现任西安理工大学高科学院董事长,西安高新科技职业学院董事长。

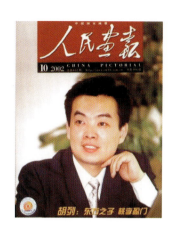

先后被中央电视台"东方之子"特别报道,荣登《人民画报》封面,被评为"陕西省十大杰出青年""陕西省红旗人物""中国十大民办教育家""中国民办高校十大杰出人物""中国民办大学十大教育领袖""影响中国民办教育界十大领军人物""改革开放30年中国民办教育30名人""改革开放40年引领陕西教育改革发展功勋人物"等,被众多大型媒体誉为创新教育理念最杰出的教育家之一。

胡列博士先后发表上百篇论文和著作,近年分别在西安交通大学出版社、华中科技大学出版社、哈尔滨工业大学出版社、清华大学出版社、人民日报出版社、未来出版社等出版的专著和教材见下表。

复合人才培养系列丛书:	概念力学系列丛书:
高新科技中的高等数学	概念力学导论
高新科技中的计算机技术	概念机械力学
大学生专业知识与就业前景	概念建筑力学
制造新纪元:智能制造与数字化技术的前沿	概念流体力学
仿真技术全景:跨学科视角下的理论与实践创新	概念生物力学
艺术欣赏与现代科技	概念地球力学
科技驱动的行业革新:企业管理与财务的新视角	概念复合材料力学
实践与认证全解析:计算机－工程－财经	概念力学仿真
在线教育技术与创新	**实践数学系列丛书:**
完整大学生活实践与教育管理创新	科技应用实践数学
我的母亲	土木工程实践数学
大学生创新实践系列丛书:	机械制造工程实践数学
大学生计算机与电子创新创业实践	信息科学与工程实践数学
大学生智能机械创新创业实践	经济与管理工程实践数学
大学物理应用与实践	**未来科教探索系列丛书:**
大学生现代土木工程创新创业实践	科技赋能大学的未来
建筑信息化演变:CAD－BIM－PMS融合实践	科技与思想的交融
创新思维与创造实践	未来科技文学:古代觉醒
大学生人文素养与科技创新	未来科技与大学生学科知识演进
我与女儿一同成长	思维永生

Author Biography

Dr. Hu Lie, born in 1963, is a professor who graduated from Northwestern Polytechnical University. He obtained his doctoral degree in Engineering in early 1993 under the guidance of Professor Ji Wenmei, the former Chairman of the Chinese Society of Aeronautics and Astronautics and a renowned educator. Dr. Hu is currently the Chairman of the Board of Directors of The HI-TECH College of XI'AN University of Technology and the Chairman of the Board of Directors of XI'AN High-Tech University. He has been featured in special reports by China Central Television as an "Eastern Son" and appeared on the cover of "People's Pictorial" magazine. He has been recognized as one of the "Top Ten Outstanding Young People in Shaanxi Province" "Red Flag Figures in Shaanxi Province" "Top Ten Private Educationists in China" "Top Ten Outstanding Figures in Private Universities in China" "Top Ten Education Leaders in China's Private Education Sector" "Top Ten Leading Figures in China's Private Education Field" "One of the 30 Prominent Figures in China's Private Education in the 30 Years of Reform and Opening Up" and "Contributor to the Educational Reform and Development in Shaanxi Province in the 40 Years of Reform and Opening Up" among others. He has been acclaimed by numerous major media outlets as one of the most outstanding educators with innovative educational concepts.

Dr. Hu Lie has published over a hundred papers and books. In recent years, his monographs and textbooks have been published by the following presses: Xi'an Jiaotong University Press, Huazhong University of Science and Technology Press, Harbin Institute of Technology Press, Tsinghua University Press, People's Daily Press, and Future Press. The details are listed in the table below.

Composite Talent Development Series:	**Conceptual Mechanics Series:**
Advanced Mathematics in High-Tech Science and Technology	Introduction to Conceptual Mechanics
Computer Technology in High-Tech Science and Technology	Conceptual Mechanical Mechanics
College Students' Professional Knowledge and Employment Prospects	Conceptual Structural Mechanics
The New Era of Manufacturing: Frontiers of Intelligent Manufacturing and Digital Technology	Conceptual Fluid Mechanics
Panorama of Simulation Technology: Theoretical and Practical Innovations from an Interdisciplinary Perspective	Conceptual Biomechanics
	Conceptual Geomechanics
Appreciation of Art and Modern Technology	Conceptual Composite Mechanics
Technology-Driven Industry Innovation: New Perspectives on Enterprise Management and Finance	Conceptual Mechanics Simulation
Practical and Accredited Analysis: Computing-Engineering-Finance	
Online Education Technology and Innovation	**Practical Mathematics Series:**
Comprehensive University Life: Practice and Innovations in Educational Management	Applied Mathematics in Science and Technology
My Mother	Applied Mathematics in Civil Engineering
	Applied Mathematics in Mechanical Manufacturing Engineering
College Student Innovation and Practice Series:	Applied Mathematics in Information Science and Engineering
College Students' Innovation and Entrepreneurship Practice in Computer and Electronics	Applied Mathematics in Economics and Management Engineering
College Students' Innovation and Entrepreneurship Practice in Intelligent Mechanical Engineering	
University Physics Application and Practice	**Future Science and Education Exploration Series:**
College Students' Innovation and Entrepreneurship Practice in Modern Civil Engineering	The Future of Universities Empowered by Technology
Evolution of Architectural Informationization: CAD-BIM-PMS Integration Practice	The integration of technology and thought
Innovative Thinking and Creative Practice	Future Science and Technology Literature: Ancient Awakening
Cultural Literacy and Technological Innovation for College Students	Future Technology and the Evolution of University Student Disciplinary Knowledge
Growing Up Together with My Daughter	Mind Eternal

参著者简介

胡蝶,博士,1990年出生于西安。清华大学文学学士,伦敦政治经济学院理学硕士和斯坦福大学文学硕士,加利福尼亚大学洛杉矶分校(UCLA)哲学博士(高等教育与组织变革专业)。曾获"首都大学生社会实践先进个人"称号,获斯坦福大学奖学金、加利福尼亚大学洛杉矶分校奖学金、博士毕业论文奖学金、国家优秀留学生奖学金。曾在香港大学访学,在清华大学从事博士后研究,入选"水木学者"高层次人才项目,任多部顶尖SSCI期刊审稿人。入选2023年度陕西高校"优秀青年人才支持计划"。

研究领域包括高等工程教育、文献计量学、大数据研究、国际比较教育等。主持或参与多项国家级和省部级课题及大型国际合作课题。在SSCI和CSSCI期刊发表多篇高水平中英文学术论文,出版专著3部,获专利7项。受邀在牛津大学、曼彻斯特大学、清华大学等世界一流大学及重要国际学术会议上作主题发言。积极参与咨政工作。

现任西安高科理工学院(筹)院长、泾河校区校长。陕西博龙实业有限公司董事、总经理。西安树人网络科技有限公司创始人、董事长,从事大数据产品研发,线上教学平台、开放课程研发等工作。

丛书序一

在这个科技加速进步的时代,传统的知识体系和教育模式已经难以满足社会对复合型人才的需求。我非常高兴为"复合人才培养系列丛书"撰写序言。作为一位关注跨学科知识融合和人才培养研究的学者,我深切认识到,面对挑战愈演愈烈的社会,我们需要一种新的教育策略,这正是本系列丛书所提供的,它既有广度,更有深度;既有实用性,更有前瞻性。

本系列丛书以交叉学科和复合技能为核心,致力于培养既具有深厚专业知识又拥有广泛跨领域知识和实践能力的新型人才。通过以下精心编撰的书籍,胡列博士向我们展现了一个以创新思维和复合能力为核心的全新人才培养框架:

《高新科技中的计算机技术》:介绍计算机科学的最新进展及其在多个领域中的应用,强调计算机技术在推动跨学科创新中的关键作用。

《制造新纪元:智能制造与数字化技术的前沿》:探讨智能制造和数字化技术如何共同推进制造业的现代化和高效化。

《科技驱动的行业革新:企业管理与财务的新视角》:从科技角度重新定义企业管理和财务,展示科技如何促进更全面、更有效的管理实践。

《仿真技术全景:跨学科视角下的理论与实践创新》:倡导仿真技术在不同学科中的应用,为跨学科研究提供支持。

《在线教育技术与创新》:深入研究在线技术如何在教育改革中发挥作用,提高教学质量和效率。

《艺术欣赏与现代科技》:探讨艺术与科技的结合如何开辟新的创造领域和审美维度,对理解艺术和科技的交叉具有重要价值。

《实践与认证全解析:计算机-工程-财经》《大学生专业知识与就业前景》以及《完整大学生活实践与教育管理创新》:这些书籍从高等教育的科学内涵出发,集中讨论如何培养学生的跨学科能力和应对复杂问题的能力。

这套丛书不仅是跨学科知识的宝库,更是一份面向教育者、学者、管理者和所有渴望提升自我的奋进者的实践指南。通过胡列教授的丰富学术积累和对教育的深刻理解,我们得以一窥复合型人才培养的全新模式。这些书籍深化了我们对专业知识的理解,并拓宽了我们对世界多样性的认识,是对快速变化社会的积极回应。

无论您是哪个领域的专家,或是追求个人发展的践行者,这套丛书都将成为您不可多得的资源和指南,引领我们共同在快速变化的世界中不断前行。

舒德干

中国科学院院士、国家自然科学奖一等奖获得者

2024 年 3 月

丛书序二

我很高兴为这套精心编选的"复合人才培养系列丛书"写序。身为一位长期关注科技、教育和人才发展的院士,我愈加明了在这个快速变化的时代,单一的知识结构和传统的教育模式已难以满足社会的需求。本系列书籍以其前瞻性和实用性,应时而生、应需而变,为我们提供了一个独特的视角来重新审视和构建 21 世纪的人才培养模型。

我也深深地认识到培养复合型人才的重要。在传统的学科研究中,我们往往过于强调深度而忽视广度,过于重视理论而轻视实践。然而,在科技快速发展、行业不断迭代的今天,交叉知识和复合技能成为一种趋势,也是未来人才竞争力的重要来源。本系列丛书以交叉和复合为核心理念,兼顾专业性与通用性,强调创新思维与实践应用,旨在培养具有多元素综合能力的复合型人才。

凌晓峰
加拿大工程院院士
2024 年 3 月

本书序

非常有幸为《在线教育技术与创新》写序。胡列教授长期从事大学教育管理研究，其深厚的学识和前瞻的视角，在本书中得到了充分的体现。

《在线教育技术与创新》从在线教育的发展趋势到技术应用，再到教学方法和管理策略，系统地展现了在线教育的各个方面。书中提出的观点和方法，不仅有理论深度，而且有实践针对性；既有国际案例，也有本土经验，充分体现了作者在在线教育领域的深入研究和敏锐洞察。

该书对在线教育最新技术进行了系统性的深入研究与融合应用，如对人工智能、虚拟现实和增强现实、5G与物联网、云计算和边缘计算、区块链、自适应学习技术等应用的深入探讨，无疑为在线教育研究和实践提供了新的思路和视角。胡列教授深刻理解这些技术的原理和应用，明确指出它们在教育中的潜在价值，这对于读者理解和利用这些技术，推动在线教育创新和发展具有极其重要的指导价值。

此外，该书对于未来在线教育的发展趋势和挑战的分析，令人深受启发。书中强调，技术只是手段，教育才是目的；在追求技术创新的同时，不能忘记教育的本质，必须把人放在教育的中心，关注学生的全面发展，注重教育的公平和质量。

我对胡列教授的尊重，不仅仅源于他的学术成就，更源于他的教育情怀和责任感。他用自己的行动，向我们展示了一位教育工作者的使命和价值。我希望，每一位阅读此书的读者，无论您是教育工作者，还是对教育技术感兴趣的人士，或是学生和家长，都能从胡列教授的深思熟虑中获得启示，找到适应这个数字化时代、在线教育时代的教育方法和路径。

高新勤
西安理工大学博士生导师
西安理工大学高科学院院长
西安理工大学实验室管理处处长
2023 年 8 月

前言

当我们站在21世纪的这个时刻,教育的面貌正在发生深刻而瞬息万变的转变。在这个转变的前沿,我们看到在线教育技术崛起,它正在重新塑造教育的形态,拓宽学习的边界,并为全球的学习者带来前所未有的机会。

《在线教育技术和创新》一书,就是在这样的背景下应运而生。这是一本探索在线教育深度与广度的书,也是一本解读在线教育技术与创新实践的书。我们希望通过本书,能够为读者提供一个全方位、多维度的在线教育视野,帮助读者理解、掌握并应用在线教育技术,推动教育创新和发展。

本书写作,源于我们对教育的热爱以及对在线教育无尽的探索和思考。我们深信,教育是人类文明的基石,是推动社会进步的重要动力。而在线教育则是教育发展的新航标,它带来的变革将深深地影响每一个人的学习生涯和生活方式。

在本书中,我们尽可能全面地覆盖在线教育的各个方面,包括基本理论、核心技术、创新案例、政策与管理以及未来发展趋势。我们试图用深入浅出的语言,为读者揭示在线教育的本质和内涵、展示在线教育的实践和可能以及探讨在线教育的挑战和未来。

本书既适合专门研究现代教育技术的学生和教育工作者,也适合广大的教师和教育行政管理者。同时,对教育特别是在线教育有兴趣的广大读者,也能从本书中收获知识和灵感。

我们坚信,每一个人都是学习的主体,每一个人都有自我教育和自我提升的权利和能力。在线教育技术,就是实现这一理想的最强大的工具。我们希望,本书能够引导更多的人掌握在线教育技术,实现自我学习,实现自我发展。

西安理工大学高科学院杨谌、任佳春老师,王诚博、张鹏、杨嘉乐同学参与了本书部分插图修订,在此一并致谢!

最后,我们衷心希望本书能够成为读者探索在线教育世界的一盏明灯,无论读者是一个热衷于教育创新的教育工作者,还是一个对教育技术充满好奇的学生,或者是一个寻求教育改变生活的终身学习者。我们期待读者在阅读本书的过程中,能够发现新的视角,收获新的知识,激发新的思考,从而推动自己学习和成长。

胡列
2023年5月

目 录

引言	/1
第1章 在线教育的历史与发展	/5
1.1 早期远程教育	/5
1.2 开放大学	/7
1.3 计算机辅助教学	/8
1.4 互联网时代	/10
1.5 学习管理系统	/11
1.6 大规模开放在线课程	/11
1.7 移动学习	/13
1.8 人工智能与教育技术创新	/14
1.9 疫情期间在线教育蓬勃发展	/15
1.10 混合式学习模式	/16
第2章 在线教育的技术基础	/19
2.1 通信技术	/19
2.2 网络技术	/21
2.3 学习管理系统	/23
2.4 大规模开放在线课程平台	/25
2.5 移动技术	/29
2.6 云计算和大数据技术	/32
2.7 人工智能技术	/35
2.8 虚拟现实和增强现实技术	/38
2.9 社交媒体和协作工具	/41
2.10 开源技术和资源	/42
第3章 在线教育平台与工具	/47
3.1 主流在线教育平台、工具的优缺点分析	/47
3.2 学习管理系统与大规模开放在线课程案例	/50
3.3 创新教育案例	/50
第4章 在线教学设计与教学方法	/57
4.1 在线教学设计	/57
4.2 在线教学方法	/58
4.3 在线教学案例	/59
4.4 计算机专业群的在线教学案例	/68

4.5　机械类专业群的在线教学案例　　　　　　　　　　　　／76
4.6　财务类专业群的在线教学案例　　　　　　　　　　　　／81
4.7　管理类专业群的在线教学案例　　　　　　　　　　　　／86
4.8　土木建筑类专业群的在线教育案例　　　　　　　　　　／94
4.9　电气电子信息类专业群的在线教育案例　　　　　　　　／103
4.10　教育类专业群的在线教育案例　　　　　　　　　　　／108
4.11　大学基础课的在线教育案例　　　　　　　　　　　　／112

第5章　个性化与自适应学习　　　　　　　　　　　　　　　／120
5.1　在线教育平台实现个性化和自适应学习路径　　　　　　／120
5.2　在线教育平台实现个性化和自适应学习案例　　　　　　／122
5.3　关于个性化和自适应学习的问卷调查示例　　　　　　　／139

第6章　在线教育的社会影响　　　　　　　　　　　　　　　／145
6.1　在线教育的一些主要社会影响　　　　　　　　　　　　／145
6.2　在线教育促进教育公平及提升就业竞争力的案例　　　　／146
6.3　推动教育转型升级　　　　　　　　　　　　　　　　　／146
6.4　促进教育与产业融合　　　　　　　　　　　　　　　　／147
6.5　促进教育创新　　　　　　　　　　　　　　　　　　　／148

第7章　在线教育的技术管理与运营优化　　　　　　　　　　／151
7.1　在线教育系统的架构与技术堆栈　　　　　　　　　　　／152
7.2　高效的在线教学内容管理　　　　　　　　　　　　　　／154
7.3　用户体验与界面设计在在线教育中的应用　　　　　　　／157
7.4　数据驱动的教育决策支持系统　　　　　　　　　　　　／158
7.5　在线教育平台的可扩展性和可靠性问题　　　　　　　　／161
7.6　持续改进与技术迭代的战略　　　　　　　　　　　　　／163
7.7　在线教育平台的安全策略　　　　　　　　　　　　　　／165

第8章　在线教育的未来发展　　　　　　　　　　　　　　　／169
8.1　未来在线教育持续发展的方面　　　　　　　　　　　　／169
8.2　未来在线教育的技术创新　　　　　　　　　　　　　　／171
8.3　未来在线教育的人工智能应用　　　　　　　　　　　　／173
8.4　未来在线教育的虚拟现实和增强现实应用　　　　　　　／175
8.5　未来在线教育的5G与物联网应用　　　　　　　　　　／176
8.6　未来在线教育的云计算和边缘计算的应用　　　　　　　／178
8.7　未来在线教育的区块链的应用　　　　　　　　　　　　／180
8.8　未来在线教育的自适应学习技术的应用　　　　　　　　／181
8.9　未来在线教育的社交媒体和协作工具整合的应用　　　　／183
8.10　未来在线教育的智能硬件和可穿戴设备的应用　　　　／184
8.11　未来在线教育的教育生态系统变革　　　　　　　　　／185
8.12　未来在线教育的教师角色转变　　　　　　　　　　　／187
8.13　在线教育发展对未来大学教育的影响　　　　　　　　／188

引 言

在21世纪的信息化背景下,教育模式正在经历前所未有的变革。其中,与信息化同步发展的在线教育技术和创新,对于提升教育品质、推进教育公平、促进教育创新具有深远影响。本书详细深入地探讨了在线教育技术和创新的各个方面,并对其未来发展进行了展望。

第一部分:在线教育的历史与发展

在线教育,或者称为远程教育,借助于网络技术将教育资源和服务通过互联网传递给学习者,打破了传统的时间和空间限制,使得学习可以在任何时间、任何地点进行。在这个过程中,各种在线教育技术逐渐应运而生,包括在线教育平台、学习管理系统、移动学习应用等。这些技术不仅改变了人们获取知识的方式,也给教育的各个环节,如课程设计、教学方式、学习评估等方面,带来了深刻的改变。

然而,在线教育技术发展并非一帆风顺。在线教育需要面对和解决许多挑战,如保证教学质量、满足不同学习者的个性化需求、保护学习者的隐私等。同时,如何使教育创新真正服务于教育公平,使每一个人都能享受到高质量的教育资源,也是发展在线教育需要思考的问题。

在这一部分,我们将详细介绍在线教育技术的概念以及各种主流的在线教育技术,包括其特点、优势和挑战。我们还将探讨这些技术如何被应用于实际的教学过程中,以及它们对教育的影响。同时,我们也将讨论一些热门的教育创新模式,如翻转课堂、混合式学习、微课程等,以及这些模式如何改变教学方式。

在探讨在线教育技术的同时,不能忽视在线教育的一些核心原则,如以学习者为中心、注重学习过程的互动性、强调实践性和应用性等。只有理解这些原则并按此操作,才能使在线教育技术更好地服务于教育,实现教育的目标。

第二部分:在线教育技术的应用实践

随着互联网技术的发展,在线教育已经成为教育的一种重要形式,越来越多的教育机构和个人开始应用在线教育技术进行教学。然而,如何有效地利用这些技术进行教学,仍然是一个需要深入探讨的问题。在这个部分,我们将通过一些实际的案例,探讨在线教育技术在教学中的应用以及它们在实际应用中遇到的问题和解决方案。

首先,我们将关注在线教育平台应用。在这个过程中,我们会看到一些成功的在线教育平台如何构建高质量的教育资源、如何设计合理的教学流程以及如何通过数据分析来改善教学质量。我们还会探讨在线教育平台如何解决学习者的个性化需求、如何提高学习者的参与度和满意度。

其次,我们将关注移动学习应用。在这个部分,我们将看到移动学习如何打破时间和空间的限制,使得学习可以在任何地点、任何时间进行。我们还会探讨移动学习如何利用移动设备的特性设计出适合移动环境的学习内容和方式,以及如何解决移动学习中的一些挑战,如设备的多样性、网络的不稳定性等。

再次,我们还将探讨人工智能在在线教育中的应用。我们将看到人工智能如何通过数据分析和机器学习提供个性化的学习内容和学习路径,以及如何通过智能辅助教学提高教学效率和质量。同时,我们也将讨论人工智能如何在评估学习者的学习效果、提供及时的反馈和建议以及保护学习者隐私的同时有效地利用学习数据。

最后,我们还将关注在线教育在特定领域的应用,如企业培训、语言学习、编程教育等。这些领域对在线教育提出了一些特殊的需求和挑战,如何解决这些需求和挑战,将成为我们探讨的重点。

第三部分:在线教育创新的趋势和挑战

在线教育技术发展正推动着教育方式不断创新。然而,教育创新并非仅追求技术的更新换代,更重要的是如何将这些技术应用于教育,提升教学质量,满足学习者的需求。在这个部分,我们将关注在线教育创新的一些主要趋势以及这些趋势背后的挑战。

首先,我们将关注个性化学习的趋势。随着大数据和人工智能的发展,教育机构和教师可以通过分析学习者的学习行为和学习成果,为学习者提供更加个性化的学习内容和学习路径。然而,如何保证个性化学习的质量,如何平衡个性化学习和集体学习,如何保护学习者的隐私,都是我们需要面对的挑战。

其次,我们将关注社群学习的趋势。随着社交媒体和在线社区的发展,学习已经不再是孤独的过程,而是在社群中进行的互动和交流。然而,如何构建有效的学习社群,如何在社群中进行有效的学习,如何处理社群中的一些问题,如信息过载、网络欺凌等,也是我们需要探讨的问题。

再次,我们将关注终身学习的趋势。在知识经济的时代,学习已经不再是学校教育的专利,而是每个人都需要进行的终身过程。然而,如何激发学习者的学习兴趣,如何支持学习者的自主学习,如何认证学习者的学习成果,都是我们需要思考的问题。

最后,我们还将关注教育公平的问题。虽然在线教育有可能为更多的人提供高质量的教育资源,但是如何确保每一个人都能公平地享受到这些资源,仍然是我们需要面对的挑战。

这些趋势和挑战将会在未来的教育创新中起到重要的引导作用。我们需要深入理解这些趋势和挑战,以便在未来的教育创新中做出更好的决策和选择。

第四部分:在线教育技术和创新的未来展望

随着科技的快速发展,我们可以预见在线教育将继续在教育领域中扮演重要的角色,而且可能会以我们无法预见的方式改变教育的形态。在这一部分,我们将对在线教育技术和创新的未来进行展望。

首先,我们将讨论新的技术可能如何影响在线教育的未来。例如,虚拟现实(VR)和增强现实(AR)技术可以为在线教育提供更富有沉浸感的学习体验,区块链技术可以为学习者的学习成果提供可靠的认证机制,物联网(IoT)技术可以使学习环境更加智能和个性化。

其次,我们将讨论新的教育模式可能如何影响在线教育的未来。例如,项目制学习可以提供更真实的学习情境,激发学习者的学习兴趣;自由学校模式可以支持学习者自主学习,提升学习者的学习动力;微学位和开放徽章可以为学习者的学习成果提供新的认证方式。

最后,我们将讨论新的教育政策可能如何影响在线教育的未来。例如,政府可能会推出更多的政策,支持在线教育发展;教育机构可能需要调整教学策略,以适应在线教育发展;个人可能需要调整学习习惯,以利用在线教育的资源。

在展望未来的同时,我们也需要注意到,未来的在线教育并非一片光明。我们仍然需要面对许多挑战,如保证教学质量、满足学习者的个性化需求、保护学习者的隐私、实现教育公平等。因此,我们需要持续关注在线教育发展,以便在未来的教育创新中做出正确的决策。

我们希望通过这本书,为读者提供一个全面而深入的在线教育技术和创新的概览,以及对其未来发展的展望。我们希望本书能够启发读者思考,激发读者创新,为未来的教育创新提供参考和灵感。

无论是教育者、学习者还是政策制定者,理解和掌握在线教育技术及其创新都将对其工作和生活产生深远影响。它不仅可以有助于提升教育质量,增加教育公平性,还可以推动教育领域持续创新。然而,这需要教育从业者不断地学习、实践、反思、创新,勇于尝试新的技术、教育模式、教学方法,敏感于这些变化带来的挑战和问题,以便及时进行调整和应对。

在线教育技术和创新是一个既复杂又引人入胜的领域,它涉及技术、教育、心理学、社会学等多个学科的知识。我们希望本书能够为读者提供一个全面而深入的理解在线教育的途径,帮助读者在这个领域找到自己的方向和位置,从而为未来的教育创新做出自己的贡献。

首先,我们在第1章介绍了在线教育的基本概念、基础理论以及发展历程。这部分内容将帮助读者建立对在线教育的基础认识,了解其在教育领域的重要地位和功能。

接着,第2~5章深入探讨了在线教育的四个主要应用领域:在线课程、在线学习社区和平台、在线学习工具和资源,以及在线教育的评估和研究。这些章节将为读者展示如何在各类教学环境中有效地利用在线教育技术。

在第6章,我们从社会学的角度出发,分析了在线教育的社会影响,如促进教育公平,提升就业竞争力,推动教育转型升级等,这对于教育工作者和决策者来说具有重要的参考价值。

第7章则关注在线教育的政策与管理。对于希望了解在线教育政策与法规、教育质量保证体系、数据保护与隐私、投入与资助等方面内容的读者来说,这部分内容会非常有帮助。

最后,在第 8 章,我们将展望在线教育的未来发展,探讨未来可能出现的技术创新,如人工智能、虚拟现实(VR)和增强现实(AR)、5G 与物联网、云计算和边缘计算、区块链、自适应学习技术、社交媒体和协作工具的整合、智能硬件和可穿戴设备等。这些内容将为读者揭示未来在线教育可能的发展趋势,激发读者对未来的想象和探索。

无论读者是现代教育技术专业的学生、教师,还是教育管理措施的制定者,甚至是对在线教育感兴趣的普通人,我们相信本书都会成为读者理解和探索在线教育世界的重要工具。它不仅能够帮助读者理解在线教育的基础理论和应用实践,而且能够引导读者探索在线教育的创新和未来。

对于现代教育技术专业的学生,这本书将为你们提供一个完整的在线教育全景,帮助你们理解和掌握在线教育的关键技术和方法。无论你将来是否从事在线教育的相关工作,这些知识都将为你的职业生涯增加竞争力。

对于教师,这本书将为你们提供一系列实用的在线教育工具和资源,帮助你们改进教学方法,提高教学效果。更重要的是,本书将提供一个新的视角,帮助你们理解教育的未来发展趋势,以适应教育的快速变化。

对于大学教育管理措施的制定者,本书将帮助你们了解在线教育的最新发展,以便制定相应的管理措施。同时,本书还会提供一系列对教育质量保证、数据保护和隐私等问题的深入探讨,为你们的决策提供参考。

所有对在线教育感兴趣的读者,这本书将为你们打开一扇新的窗口,带你们进入一个充满创新和可能性的新世界。

《在线教育技术和创新》一书旨在为读者提供一个全面、深入的在线教育指南,无论读者的背景如何,只要对在线教育感兴趣,都能从这本书中有所收获。

第1章 在线教育的历史与发展

本章将详细探讨在线教育的历史沿革和发展趋势,帮助读者理解在线教育的起源及其如何逐步进化成为我们现在所熟知的形式。

我们将从早期的远程教育谈起,之后介绍开放大学的概念和实施,再阐述计算机辅助教学(CAI)的发展和应用。

随着互联网的普及和发展,我们将探讨学习管理系统(LMS)如何改变在线教育的面貌,并深入解读大规模开放在线课程(MOOC)及其对教育领域的影响。此外,我们也会研究移动学习及其如何扩展学习的可能性。

人工智能发展为教育技术创新带来了新的机遇,我们将探讨这一领域的最新研究和应用。在此基础上,我们还将研究疫情时期在线教育蓬勃发展的情况,以及混合式学习如何与在线教育整合共同推动教育发展。

在总结部分,我们将回顾并总结本章的主要内容,以期读者能够全面理解在线教育的历史与发展,从而更好地把握其未来的趋势和可能性。

1.1 早期远程教育

早期远程教育,又称为远程学习,是一种让学生在时间和地点相对独立的条件下进行学习的教育形式(见图1.1)。早期远程教育的发展历程可以分为四个阶段。

1. 书信教育

远程教育可以追溯到19世纪,当时一些机构开始通过邮寄课程资料的方式提供教育服

图 1.1 早期的远程教育

务。学生可以在家中阅读教材、完成作业,并通过邮寄的方式提交给教师批改。这种基于书信的远程教育方式在美国、英国、德国等国家得到了广泛应用。

2. 广播与电视教育

20 世纪初,随着无线电广播和电视的发展,广播和电视教育成了远程教育的新形式。教育者可以通过无线电广播和电视节目将课程内容传播给更广泛的受众。许多国家的政府和教育机构也开始建立专门的广播和电视教育频道。1979 年,北京广播电视大学录取人数相当于全市 49 所普通大学年招生量的 3 倍多。

3. 音像教材

20 世纪中期,录音带和录像带出现,为远程教育带来了新的可能。学生可以通过收听录音带或观看录像带来学习课程内容。这种方式相对于广播和电视教育,具有更强的互动性和灵活性。

4. 计算机辅助教育

20 世纪 60 年代,计算机技术发展为远程教育开辟了新的途径。计算机辅助教学(CAI)通过计算机软件和多媒体资源,为学生提供丰富的学习材料和教学支持。这种方式不仅可以实现个性化学习,还可以记录和分析学生的学习过程。

虽然早期远程教育的方式有限,但它为许多无法在传统学校接受教育的人提供了学习的机会。这些早期的远程教育为后来的在线教育发展奠定了基础。随着互联网、移动通信和人工智能等技术的快速发展,远程教育已经发展成为更加先进和普及的在线教育,使全球范围内的学习者都能够方便地获取优质教育资源。

1.2 开放大学

开放大学(Open University)这个概念始于 20 世纪 60 年代,它代表了一种特殊的高等教育模式,强调远程学习和开放招生,使更多的人有机会接受高等教育(见图 1.2)。

图 1.2 开放大学

1969 年,英国成立了世界上第一个开放大学——英国开放大学(The Open University,简称 OU)。创立初衷是为那些因年龄、职业、家庭或地理位置等原因无法参加传统全日制高等教育的人们提供学习机会。英国开放大学通过远程教育和开放招生,打破了教育的时间和空间限制。

开放大学的教育模式通常包括以下几个方面。

开放招生:不设年龄、学历、地域等限制,允许更多有意愿的人参加学习。

远程学习:通过邮寄教材、广播电视、计算机辅助教学、网络课程等方式进行授课,克服了地域限制。

混合式学习:结合面授课程、实验室实践和实地考察等线下活动,提高学生的实践能力和社交能力。

学分制和模块化课程:通过灵活的学分制和模块化课程设置,使学生可以根据自己的需求和进度进行学习。

学习支持和辅导:提供学习资料、在线讨论、电话辅导等多种学习支持和辅导服务,帮助学生解决学习困难。

英国开放大学的成功经验受到了全球范围内的关注和效仿。从 20 世纪 70 年代开始,许多国家纷纷成立了类似的开放高等教育机构,如中国的中央广播电视大学(现国家开放大学)、印度的印度国家开放大学、美国的州立世界校园等。开放大学为许多无法接受传统高等教育的人们提供了新的学习途径,促进了教育公平和终身学习的理念普及。

随着互联网技术的发展,开放大学逐渐将教学活动转移到线上,利用在线课程、学习管理系统(LMS)和多媒体资源,为学习者提供更加丰富和便捷的学习体验。许多开放大学还与国际知名的在线教育平台(如 Coursera、edX 等)合作,共同推出在线课程和学位项目。这使得开放大学在教育领域的影响力不断扩大,为全球范围内的学习者提供了更多的学习机会和资源。

开放大学作为一种独特的高等教育模式,通过开放招生和远程学习,为许多无法接受传统高等教育的人们提供了学习机会。随着互联网技术的发展,开放大学与在线教育紧密结合,进一步扩大了教育的覆盖范围和影响力。在未来,随着新兴技术如人工智能、大数据、虚拟现实等的应用,我们有理由相信开放大学将继续发挥重要作用,推动教育持续创新和变革。

1.3 计算机辅助教学

计算机辅助教学(Computer-Assisted Instruction,简称 CAI),是指将计算机技术运用于教学过程中,以增强教学效果和提高学习效率(见图 1.3)。自 20 世纪 60 年代起,计算机技术为教育带来了新的可能,教育者开始尝试将计算机应用于教学实践。计算机辅助教学经历了几个发展阶段,每个阶段有其特点。

图 1.3　电脑辅助教学

1. 初期计算机辅助教学

20 世纪 60 年代,计算机辅助教学处于初期阶段,教育者主要将计算机用作演示、练习和测试的工具。通过编写简单的教学软件,学习者可以在计算机上完成课堂练习和测验,而教师可以通过计算机自动批改和记录学生的成绩。

2. 计算机管理学习系统

20 世纪 70 年代,随着计算机技术的进步,教育者开始研发计算机管理学习系统(Computer-Managed Instruction,简称 CMI)。CMI 系统可以帮助教师跟踪和管理学生的学习进度、成绩和表现,实现个性化教学。

3. 计算机辅助学习系统

20 世纪 80 年代,计算机辅助学习(Computer-Assisted Learning,简称 CAL)成为教育领域的新趋势。CAL 系统通过多媒体资源(如声音、图像、动画等)和交互式教学活动,为学习者提供更加生动和有趣的学习体验。

4. 多媒体教学和网络教育

20 世纪 90 年代,多媒体技术和网络技术为计算机辅助教学带来了新的机遇。教育者开始利用多媒体教学软件和网络教育平台,实现远程教育和在线学习。这使得计算机辅助教学的应用范围和影响力得到了极大的扩展。

5. 人工智能和自适应学习系统

进入 21 世纪,人工智能技术为计算机辅助教学带来了进一步的创新。通过智能教学系统和自适应学习算法,教育者可以根据学习者的个性特点和学习需求,实现精准推荐和个性化教学。

计算机辅助教学自 20 世纪 60 年代起就一直是教育领域的重要研究方向。从最初的计算机演示、练习和测试工具,到计算机管理学习系统、计算机辅助学习系统、多媒体教学和网络教育,再到人工智能和自适应学习系统,计算机辅助教学经历了几十年的发展,不断丰富和拓展了内涵和功能。

随着技术的不断进步,计算机辅助教学在教育领域的应用越来越广泛。它不仅帮助教师提高教学效果,节省教学时间和精力,还为学习者提供了更加生动、有趣和个性化的学习体验。在未来,随着新兴技术(如大数据、虚拟现实、物联网等)的应用,计算机辅助教学将继续发挥重要作用,推动教育创新和发展。

1.4 互联网时代

20世纪90年代,互联网技术快速发展为在线教育提供了强大的基础设施,为教育带来了深度的变革(见图1.4)。互联网时代的教育变革表现在以下几个方面。

图1.4 互联网时代的教育

电子邮件:电子邮件使得教师和学习者之间的沟通变得更加便捷。教师可以通过电子邮件向学习者发送课件、作业和反馈,学习者也可以通过电子邮件向教师请教问题和提交作业。这种沟通方式大大提高了教学效率。

论坛和聊天室:论坛和聊天室为学习者提供了一个在线学习社区,他们可以在这里讨论课题、分享资源、互相答疑和解决问题。这种基于互联网的协作学习方式有助于培养学习者的团队协作能力和创新思维。

虚拟课堂:互联网技术使得远程教育成为可能,教育者可以利用虚拟课堂、视频会议等工具开展远程教学。虚拟课堂打破地域限制,让更多学习者受益于优质教育资源。

在线课程和学习管理系统:随着互联网技术的进步,越来越多的教育机构开始开发在线课程和学习管理系统。这些系统可以帮助教师发布课程、管理学习者、跟踪学习进度、评估成绩等,为教师提供了全面的教学支持。同时,学习者可以随时随地访问在线课程,实现自主学习。

开放教育资源:互联网技术普及促使许多教育机构和个人将教学资源共享到网上,形成了丰富的开放教育资源。学习者可以免费或低成本获取这些资源,降低了学习成本,促进了教育公平。

大规模开放在线课程:自2012年起,大规模开放在线课程成为教育领域的一大热点。许多国际知名的教育机构和企业(如 Coursera、edX、Udacity 等)纷纷推出大规模开放在线课程平台,为全球学习者提供免费或低成本的优质课程。这种在线教育模式打破了地域和时间的限制,为全球范围内的学习者提供了更多的学习机会和资源。

个性化学习:互联网技术发展使得教育者能够更好地了解学习者的学习需求和特点,实现个性化教学。通过在线测试、数据分析、学习路径推荐等方法,教育者可以为每个学习者提供定制化的学习方案,提高学习效果。

社交媒体在教育中的应用:随着社交媒体的普及,越来越多的教育者开始利用社交媒体进行教学活动。通过 Facebook、Twitter、微博等平台,教师和学习者可以进行实时互动,分享信息和资源,拓展教育的边界。

20 世纪 90 年代出现的互联网对教育领域产生了深远的影响。互联网技术快速发展为在线教育提供了强大的基础设施,使得教育变得更加便捷、高效和开放。随着技术的不断进步,我们有理由相信在线教育将继续发展,为全球范围内的学习者提供更多的学习机会和资源。

1.5 学习管理系统

学习管理系统(Learning Management System,简称 LMS)是一种在线平台,用于管理、组织、跟踪和评估教育课程、培训项目和学习过程。自 20 世纪末至 21 世纪初,随着网络技术的发展,学习管理系统(如 Moodle、Blackboard 等)出现,使在线教育变得更加系统化和规范化,在课程管理、学生管理、互动与协作、学习评估与反馈、数据分析与报告、个性化学习、集成与扩展等方面具有鲜明的特色和实现功能。

学习管理系统作为在线教育的核心支撑平台,为教育者提供了全面的教学管理和支持工具。它使在线教育变得更加系统化、规范化和高效,帮助教育机构和教师更好地满足不同学生的学习需求,提升教育质量。随着网络技术和教育理念的进一步发展,LMS 将不断完善和优化,为现代教育带来更多的创新和价值。我们可以期待 LMS 在未来教育领域的应用将更加广泛,为教育者和学习者提供更好的学习体验和成果。

1.6 大规模开放在线课程

大规模开放在线课程(Massive Open Online Courses,简称 MOOC)是一种在线课程,其特点是规模大、开放性强,可以为全球范围内的学习者提供免费或低成本的学习机会(见图1.5)。自2012年以来,MOOC已经引起了广泛关注,并对在线教育产生了深远的影响。MOOC具有以下方面的典型特点。

图1.5　大规模开放课程(MOOC)

规模和开放性:MOOC的最大特点是其规模和开放性。与传统的在线课程相比,MOOC可以容纳数千甚至数万名学习者同时参与上课,打破了地理、时间和经济的限制,让更多人有机会接触到优质的教育资源。

优质课程:MOOC平台通常与世界知名的大学和教育机构合作,提供各类优质课程。学生可以通过MOOC学习到最新的知识和技能,提升自己的竞争力。

自主学习:MOOC的学习模式强调学习者的自主性和主动性。学习者可以根据自己的兴趣和需求选择课程,安排学习时间和进度。这种自主学习模式有助于培养学习者的自主学习能力和终身学习观念。

互动与协作:MOOC平台提供了丰富的互动和协作工具,如论坛、聊天室、视频会议等。学习者可以在这些平台上进行讨论、交流和合作,分享知识和经验,扩展自己的人际网络。

学习评估与认证:为了保证学习效果,MOOC平台通常会设置在线测试、作业和项目等评估方式。完成课程的学习者可以获得相应的证书或学分,以证明自己的学习成果。

个性化学习:随着人工智能和大数据技术的发展,MOOC平台开始尝试实现个性化学习。通过分析学习者的学习数据,平台可以为学习者推荐合适的课程、资源和学习路径,提高学习效果。

持续创新:MOOC引发了教育领域持续创新。许多教育机构和企业纷纷投入研究和开发,探索更加高效、便捷和个性化的在线教育模式和方法。

MOOC改变了在线教育的规模和范围,使更多人有机会接受优质教育资源。MOOC不仅提供了丰富的课程内容和自主学习的环境,还为学习者提供了互动、协作和个性化学习的机会。作为在线教育的一种重要形式，MOOC 在推动教育公平、促进知识传播和提高教育质量方面发挥了积极作用。然而，MOOC 也面临着一些挑战，如学习者的参与度和留存率、学习成果的评估和认证等。未来，随着教育技术的不断进步，MOOC 有望在解决这些问题的过程中继续发展和完善，为全球范围内的学习者带来更好的学习体验和成果。

1.7　移动学习

移动学习（Mobile Learning，简称 M-learning）是一种利用移动设备（如智能手机、平板电脑等）进行学习的方式（见图 1.6）。随着移动互联网的发展和智能设备的普及，移动学习已经成为在线教育领域的一种重要趋势，具有新的特点。

图 1.6　移动学习

随时随地的学习：移动学习的最大优势在于其便捷性。学习者可以随时随地通过移动设备获取学习资源，进行学习活动。这种学习方式打破了时间和空间的限制，使学习变得更加灵活和自主。

丰富的学习资源：移动学习为学习者提供了丰富的学习资源。学习者可以通过移动设备访问各种在线课程、电子书籍、视频、音频等内容，满足自己的学习需求。

互动与协作：移动学习支持多种互动和协作工具，如即时通信、社交媒体等。学习者可以通过这些工具与教师和同学进行实时交流和讨论，分享知识和经验。

个性化学习：移动学习可以实现个性化学习。通过分析学习者的学习数据和行为，移动学习应用可以为学习者推荐合适的课程、资源和学习路径，提高学习效果。

增强现实（AR）和虚拟现实（VR）技术：随着 AR 和 VR 技术的发展，移动学习开始尝试将这些技术应用于教育场景，为学习者提供更加沉浸和生动的学习体验。

微学习：移动学习适合学习者进行微学习，即将学习内容切分为短小、易理解的单元。学习者可以利用碎片时间进行学习，提高学习效率。

持续学习：移动学习有助于培养学习者的持续学习习惯。通过定期接收学习提醒和推送，学习者可以更好地安排和跟踪自己的学习进度，实现终身学习。

移动学习作为在线教育的一种重要形式，为学习者提供了随时随地的学习机会，使学习变得更加便捷和灵活。随着移动技术和教育理念的不断发展，移动学习将继续完善和丰富其功能和应用场景，为学习者带来更加个性化、高效和愉悦的学习体验。同时，移动学习也对教育者提出了新的挑战，例如，如何设计适合移动环境的课程内容和活动，如何保持学习者的参与度和留存率等。教育者需要不断探索和创新，以应对这些挑战，推动移动学习在未来教育领域持续发展和进步。

1.8 人工智能与教育技术创新

人工智能与教育技术创新在近年来发展迅速，为在线教育领域带来了许多新的机遇和挑战，出现了新的学习形式(见图1.7)。

图1.7 人工智能与教育技术创新

个性化学习：通过使用人工智能和大数据技术，教育平台可以分析学习者的学习数据和行为，为他们提供个性化的学习建议和资源。这有助于满足不同学习者的需求，提高学习效果。

自适应学习：自适应学习系统可以根据学习者的学习进度和能力实时调整学习内容和难度。这种教学方式可以帮助学习者在适当的难度下进行学习，避免挫败感，从而提高学习效率和效果。

智能推荐：利用人工智能技术，教育平台可以根据学习者的兴趣和需求推荐合适的课程、资讯和活动。这种智能推荐功能可以帮助学习者发现有价值的学习资源，激发学习兴趣。

虚拟现实和增强现实：VR和AR技术为在线教育带来了沉浸式和生动的学习体验。通过模拟真实场景和互动，学习者可以更好地理解抽象概念，提高学习质量。

智能辅导：人工智能技术可以模拟人类教师的辅导过程，为学习者提供实时的反馈和指导。这种智能辅导功能可以帮助学习者解决学习难题，提高学习自信心。

评估和反馈：人工智能可以实现对学习者的作业和测试自动评分，为教师节省时间和精力。同时，教育平台还可以根据学习者的学习表现提供及时反馈，帮助学习者了解自己的优点和不足。

教育数据分析：利用大数据技术，教育者可以对学习者的学习数据进行深入分析，发现学习过程中的问题和趋势。这有助于教育者优化教学方法，提高教育质量。

人工智能与教育技术创新为在线教育带来了诸多变革，推动了教育领域发展。这些创新技术不仅提高了学习体验和效果，还为教育提供了更多的可能性和机遇。然而，技术发展也带来了一些挑战，例如，如何平衡技术与人文关怀，如何保护学生隐私和数据安全等。教育者需要在应对这些挑战的过程中不断探索和创新，以充分利用人工智能和教育技术为在线教育带来的优势，推动教育普及和发展。

1.9 疫情期间在线教育蓬勃发展

疫情期间在线教育蓬勃发展是一个值得关注的现象（见图1.8）。新冠疫情期间严格的管控措施导致学校和教育机构被迫暂时关闭。在这样的背景下，在线教育成了教育领域的救命稻草，呈现了迅速发展的态势，并具有以下典型特点。

教育资源快速转移：为了应对疫情对教育的影响，许多学校和教育机构迅速将课程和资源转移到线上，通过线上授课、视频会议和在线教育平台保持教学活动正常进行。

在线教育平台兴起：疫情期间，各种在线教育平台如Zoom、腾讯课堂、Google Classroom等得到了广泛应用。这些平台提供了丰富的教学功能和工具，为学生和教师提供了便捷的在线教育环境。

技术创新：疫情期间，教育技术公司纷纷加大研发力度，推出了许多创新产品和功能，如VR教室、AI辅导等，为在线教育提供了更多可能性。

教育公平问题凸显：疫情期间，在线教育也暴露出了一些教育公平问题。例如，一

图 1.8　疫情时期的在线教育

些贫困地区的学生因为没有足够的硬件设备和网络资源而无法顺利参与在线学习。这促使政府和相关机构采取措施,提高这些地区的数字基础设施水平,缩小数字鸿沟。

教育模式变革:疫情期间,许多教育者开始尝试采用新的教学方法和理念,如翻转课堂、项目式学习等,这些变革有望为未来教育模式变革提供启示。

对传统教育的影响:在线教育在疫情期间蓬勃发展,对传统教育带来了挑战。许多家长和学生开始重新评估线下教育的价值,这将可能对未来教育市场格局产生深远影响。

疫情期间在线教育蓬勃发展显示了在线教育在应对危急时刻的巨大潜力和价值。在这期间各方面都在努力应对疫情对教育带来的挑战,寻求新的解决方案和创新。在线教育广泛应用不仅保证了教育活动正常进行,还推动了教育技术发展和教育模式变革。

然而,在疫情期间,在线教育带来了一些问题,如教育公平和数字鸿沟等。这些问题需要政府、教育机构和社会各界共同努力去解决。此外,我们还应关注在线教育在疫情后的发展趋势,以确保在线教育能够持续为提高教育质量和普及教育发挥重要作用。

1.10　混合式学习模式

混合式学习是一种将在线教育与传统面授教育相结合的教育模式(见图1.9),旨在整合二者的优势,为学习者提供更加丰富和灵活的学习体验,其形式和特点与其他方式有所不同。

图 1.9　混合式学习与在线教育的整合

灵活性与便利性：混合式学习模式允许学习者根据自己的时间和地点安排在线学习，提高了学习的灵活性和便利性。在线学习部分可以包括观看视频讲座、参加在线讨论和完成在线练习等。

互动性与参与度：通过将在线教育与面授教育相结合，混合式学习能够充分利用线下课堂的互动优势，提高学习者的参与度和学习效果。面授课程部分可以包括小组讨论、项目合作和教师与学习者实时互动等。

翻转课堂：混合式学习的一种典型模式是翻转课堂。在这种模式下，学生在课前通过在线教育平台学习课程内容，然后在课堂上与老师和同学进行讨论、解决问题和深化理解。这样可以充分利用课堂时间，提高教学效果。

个性化学习：混合式学习模式有助于实现个性化学习。学生可以根据自己的需求和进度选择在线学习资源，而教师可以通过线上和线下互动来了解学生的学习情况，为他们提供个性化的指导和支持。

教学策略调整：混合式学习有助于提高教学质量。教师可以根据学生的在线学习数据和课堂表现来调整教学策略，更好地满足学生的需求。同时，混合式学习鼓励学生在课堂外自主学习，培养了学生的自主学习能力和问题解决能力。

技术与教育资源整合：混合式学习要求教育机构在技术和教育资源方面进行整合。学习管理系统、在线课程资源和数字化教材等都是混合式学习的重要组成部分，可以帮助教育者更好地管理和组织教学活动。

持续发展与创新：混合式学习模式是教育领域持续发展和创新的体现。随着在线教育技术的进步，混合式学习将不断演进，为学生提供更加丰富、高效和具有吸引力的学习体验。

混合式学习为教育带来了新的可能性和机遇。在这种模式下，教师可以充分发挥在线教育和传统面授教育的优势，提高教学质量，培养具备终身学习能力的学生。

在线教育经历了多个发展阶段，每个阶段都伴随着通信技术、计算机技术和互联网技术的持续进步和创新。从早期的远程教育、通信教学、计算机辅助教学、开放大学,到互联网时代的在线教育平台、学习管理系统、大规模开放在线课程、移动学习以及混合式学习等。这些发展阶段为全球范围内的学习者提供了便捷的学习途径,让优质教育资源更广泛地触及更多人群。

同时,在线教育也为教育公平、教育创新和教育改革提供了新的机遇。在线教育可以弥补地域和社会阶层之间的教育鸿沟,促进教育公平。在线教育还推动了教学方法和教育模式创新,例如翻转课堂、个性化学习和自适应学习等,提高了教育质量和学习效果。

在未来,随着新兴技术如5G、物联网、区块链、人工智能等的发展,我们有理由相信在线教育将继续发挥重要作用,推动教育持续变革。这些技术将使在线教育更加高效、智能和具有个性化,为学习者创造更优质的学习体验。此外,新兴技术也将有助于解决在线教育中的挑战,例如教育公平、数据安全和知识产权保护等问题。

在线教育的历史与发展见证了技术和教育领域的持续融合与创新。在这个过程中,教育不断地适应新技术,拓展其边界,为全球范围内的学习者提供更广泛的学习机会。随着新兴技术的发展,在线教育将继续推动教育变革,创造更加美好的教育未来。

思考题

1. 早期远程教育如何影响在线教育的发展?它的优势和挑战是什么?
2. 大规模开放在线课程(MOOC)在在线教育中起到了重要作用,讨论一下MOOC对传统教育模式的影响和变革。
3. 疫情期间在线教育迅速发展,这一趋势对未来教育有哪些影响?

课程论文研究方向

1. 远程教育的历史回顾与在线教育的发展趋势分析。
2. 大规模开放在线课程(MOOC)的挑战与机遇。
3. 在线教育变革与未来发展展望。

第 2 章　在线教育的技术基础

本章将深入解读在线教育的技术基础,包括各种为在线教育提供支撑的关键技术。

首先,我们将探讨通信技术和网络技术。通信网络是在线教育的基础设施,为学习者和教师提供了实时的、交互式的沟通平台。我们将详细介绍学习管理系统的作用和功能,以及大规模开放在线课程平台的运行机制和实际应用案例。

其次,我们将讨论移动技术在在线教育领域的应用,以及微信课堂等移动在线教育平台的功能和优势。我们还将深入探讨云计算和大数据技术如何优化在线教育,包括它们的优势、应用和具体的实例。随后,我们将探索人工智能技术如何推动在线教育发展,包括智能导师等人工智能在在线教育中的应用案例。同时,我们将解析虚拟现实和增强现实技术如何为在线教育提供沉浸式学习体验。

再次,我们将讨论社交媒体和协作工具如何增强在线教育的交互性,以及高校如何利用这些工具进行在线教育的案例。我们还将探讨开源技术和资源如何丰富在线教育的内容和形式。

最后,我们将回顾并总结本章的主要内容,以期读者能够全面理解在线教育的技术基础,从而更好地利用这些技术进行在线教育。

2.1　通信技术

通信技术作为在线教育的基础,贯穿了在线教育的整个发展历程(见图2.1)。从最初的信件、电话教育,到互联网时代的电子邮件、即时通信工具,再到现在的移动通信技术,通信技术的进步始终是推动在线教育发展的关键因素。

图 2.1　通信技术与在线教育

1. 信件与电话

在计算机和互联网技术尚未广泛普及的年代,信件和电话是远程教育的重要通信手段。教育者可以通过邮寄教材、作业等教学材料,以及通过电话进行辅导、答疑等。虽然这种方式速度较慢,但它是早期远程教育的形式,并为后来远程教育奠定了基础。

2. 电子邮件与论坛

随着互联网的发展,电子邮件和在线论坛逐渐成为在线教育的重要通信工具。教育者可以通过电子邮件发送教学材料、布置作业、回答问题等。在线论坛则为学习者提供了一个交流讨论的平台,有助于形成学习社群。

3. 即时通信工具

即时通信工具如 QQ、MSN Messenger、Skype 等,为在线教育带来了实时互动的可能性。这些工具使得教育者和学习者可以进行实时的文字、语音、视频交流,提高了教学效果和学习者的参与度。

4. 网络会议与在线直播

网络会议和在线直播技术为在线教育提供了高质量的同步教学途径。教育者可以通过网络会议工具如 Zoom、WebEx 等进行在线授课、讨论,甚至可以实现多方视频会议,模拟传统面授课堂的教学模式。同时,在线直播平台如腾讯课堂等为大规模在线课程提供了实时传播渠道。

5. 移动通信技术

移动通信技术如 4G、5G 等的发展,为在线教育带来了更快速、更稳定的网络连接。通过移动设备,学习者可以随时随地学习,使得在线教育更加便捷和灵活。

6. 社交媒体与协作平台

社交媒体和协作平台如微博、微信、Facebook、Twitter、Slack等为在线教育提供了便捷的沟通和协作渠道。学习者可以通过这些工具分享学习经验、讨论问题、建立学习社群,从而提高学习动力和成效。此外,这些平台还为教育者提供了宣传和推广在线课程的途径。

7. 云计算与大数据技术

云计算技术使得在线教育平台可以高效地存储和处理大量教学资源,提高在线教育的可扩展性。大数据技术则可为在线教育提供数据驱动的优化手段,通过分析学习者的行为数据,教育者可以对课程设计、教学方法等进行持续改进。

8. 物联网技术

物联网技术将各种智能设备与网络连接起来,为在线教育带来了更多可能性。例如,智能家居设备可以与在线教育平台互联,为学习者提供更舒适的学习环境;智能硬件如虚拟现实设备、可穿戴设备等可以增强在线教育的交互体验。

9. 区块链技术

区块链技术为在线教育提供了数据安全和隐私保护的解决方案。利用区块链技术,教育者可以确保教学资源的版权保护、学习者数据的隐私保护以及学习成果的可验证性。

通信技术作为在线教育的基础,从最初的信件、电话教育到现在的移动通信技术,一直在推动在线教育发展。随着通信技术的不断进步,我们可以期待在线教育将继续拓展其应用领域,为全球范围内的学习者提供更多优质的教育资源和服务。

2.2 网络技术

网络技术对在线教育的发展具有重要意义,为在线教育的功能实现提供了技术保障(见图2.2)。

1. TCP/IP 协议

TCP/IP 协议是互联网的基础通信协议,它为在线教育提供了可靠的数据传输通道。通过 TCP/IP 协议,教育资源和信息可以在全球范围内实现快速传播和共享,为在线教育普及和发展创造了条件。例如,在线教育平台(如 Coursera、edX)使用 TCP/IP 协议进行数据传

图 2.2　网络技术与在线教育

输,确保课程资源、作业和讨论等信息在全球范围内顺畅传播。

2. 域名系统(DNS)

域名系统是互联网的地址簿,它将便于记忆的域名映射到对应的 IP 地址。DNS 为在线教育提供了简单易用的网址访问方式,方便学习者和教育者快速找到所需的教育资源和服务。在线教育网站(如 Khan Academy、TED-Ed)通过易记的域名(例如 www.khanacademy.org)为学习者提供便捷的访问方式。

3. 网络安全技术

网络安全技术包括加密、认证、防火墙等,为在线教育提供了数据保护和隐私保护。网络安全技术保障了在线教育平台和服务安全稳定运行,为学习者和教育者提供了安全的在线学习环境。例如,在线教育平台使用 SSL/TLS 加密技术保护用户的登录信息和学习数据,确保网络安全。

4. 网页浏览器

网页浏览器是在线教育的重要接入工具,通过浏览器,学习者可以访问在线教育网站、观看课程视频、参加在线讨论等。现代浏览器如 Chrome、Firefox、Safari 等支持多种 Web 标准和插件,为在线教育提供了丰富的交互功能和体验。学习者可以使用浏览器访问在线教育网站、观看课程视频、阅读教材、参与讨论等。

5. 搜索引擎

搜索引擎如谷歌、百度等是在线教育资源的重要发现途径。通过搜索引擎,学习者可以快速找到相关课程、教材、教学视频等资源,大大提高了在线学习的便捷性。学习者可以在百度等搜索引擎中搜索相关的在线课程、教材、教学视频等资源。

6. 在线存储服务

在线存储服务如 Google Drive、百度网盘等为在线教育提供了便捷的数据存储和共享功能。教育者可以将教学材料、作业等文件上传至在线存储服务器,学习者则可以随时随地下载学习。此外,一些在线存储服务还提供了在线协作功能,便于教育者和学习者共同编辑和讨论文档。

7. 在线教育平台和应用

互联网技术发展催生了各种在线教育平台和应用,如 MOOC 平台(如 Coursera、edX)、学习管理系统(如 Moodle、Blackboard)、在线教育工具(如 Zoom、Microsoft Teams 等)。这些平台和应用为学习者提供了丰富的在线课程、实时互动、作业提交、学习进度跟踪等功能,极大地丰富了在线教育的形式和体验。

8. 多媒体技术

多媒体技术如 Flash、HTML5、WebRTC 等使得在线教育可以包括文本、图片、音频、视频等多种形式的内容,为学习者提供了更丰富、更直观的学习资源。此外,多媒体技术还支持实时音视频通话、在线直播等功能,为在线教育提供了更高效的互动方式。

9. 数据分析与可视化技术

在线教育中产生了大量的学习数据,数据分析与可视化技术可以帮助教育者挖掘这些数据的价值,了解学习者的需求、行为和成果,从而优化教学策略和提高教学质量。例如,Knewton 这类自适应学习平台可以根据学生的学习数据实时调整教学内容和进度,为学生提供个性化的学习体验。

网络技术为在线教育提供了强大的基础设施,使教育资源和信息可以在全球范围内快速传播。从基础网络技术到各种 Web 应用和服务,网络技术都在推动在线教育发展,为教育公平、教育创新和教育改革提供了新的机遇。

2.3 学习管理系统

学习管理系统(LMS)是在线教育的核心组件之一,它是一个集成的软件平台,为教育者和学习者提供了一个系统化的、易于管理的在线学习环境(见图 2.3)。该系统提供的典型功能方便开展在线教育。

图 2.3　学习管理系统(LMS)

1. 课程内容发布

教育者可以通过 LMS 发布课程大纲、教学材料、课程视频等内容,供学习者在线学习。LMS 通常支持多种文件格式和多媒体资源,使得课程内容更丰富、生动和易于理解。

2. 学习活动管理

LMS 支持创建和管理各种学习活动,如在线讨论、小组合作、实验、项目学习等。教育者可以设置活动的时间表、要求和评分标准,监控学习者的参与情况,及时给予反馈和指导。

3. 成绩评估与反馈

LMS 内置了成绩评估功能,可以自动评分并汇总学习者的作业、测验、考试等成绩。教育者可以查看学习者的成绩报告,分析学习者的优势和不足,为其提供个性化的反馈和指导。

4. 互动与沟通

LMS 提供了多种沟通工具,如即时聊天、邮件、论坛等,方便教育者和学习者之间的实时互动和交流。这有助于提高在线教学的互动性和学习者的参与度。

5. 学习者管理与跟踪

LMS 可以记录和管理学习者的基本信息、学习进度、成绩等数据。教育者可以根据这些数据了解学习者的学习状况,调整教学策略以更好地满足学习者的需求。

6. 数据分析与报告

许多 LMS 内置了数据分析功能,可以收集和分析学习者的学习数据,生成各种报告,帮助教育者发现潜在问题,优化教学策略和课程设计。

7. 集成与扩展

LMS 通常可以与其他在线教育工具（如 Web 会议、电子图书馆、学习资源库等）进行集成，为教育者和学习者提供更加丰富和便捷的学习资源。此外，LMS 还支持各种插件和扩展模块，可以根据教育机构和学习者的特定需求进行定制。

学习管理系统是在线教育的重要组成部分，它为在线教育提供了一个系统化、高效的学习环境。通过 LMS，教育者可以更好地组织和管理在线教学过程，同时为学习者提供更丰富、更个性化的学习体验。随着在线教育技术的不断发展和优化，LMS 也在不断升级和完善，以满足不断变化的教育需求和挑战。

2.4 大规模开放在线课程平台

大规模开放在线课程平台是一种在线教育模式，它为全球范围内的学习者提供免费或低成本的优质教育资源。MOOC 平台整合了来自世界各地顶级高校和教育机构的课程，涵盖各个领域，如科学、技术、工程、数学、人文、艺术等。

2.4.1 MOOC 平台

1. 课程内容与形式

MOOC 平台提供了丰富的课程内容，包括视频讲座、阅读材料、练习题、实验项目等。课程形式多样，有同步课程（按照固定时间表进行）、异步课程（学生可以自主安排学习时间）以及自适应学习课程（根据学生的学习进度和需求调整课程内容）等。

2. 互动与评估

MOOC 平台鼓励学生之间的互动和讨论，如在线论坛、社交媒体小组等。此外，平台还提供了多种评估方式，如在线测验、作业提交、项目评估等，帮助学生检验学习成果。部分课程还设置了同行评审机制，让学生互相评估作业，提高学习效果。

3. 认证与证书

学生在成功完成 MOOC 课程后，可以获得课程证书。部分平台还提供付费认证服务，如 Coursera 的"专项课程"和 edX 的"微学位"等，学生可以通过完成一系列相关课程，获得更高级别的证书。

4. 合作伙伴与资源共享

MOOC 平台与全球各大高校和教育机构合作，共享优质教育资源。这种合作模式不仅降低了课程开发成本，还为学生提供了更广泛的学习选择。此外，部分平台还支持第三方内容创作者和机构发布自己的课程，进一步丰富了在线教育资源。

5. 技术支持与创新

MOOC 平台依托先进的互联网技术，如云计算、大数据、人工智能等，为用户提供稳定、高效的学习体验。同时，平台也在不断探索教育技术创新，如虚拟现实、增强现实、自适应学习等，以提高学习效果和满足不同学习者的需求。

大规模开放在线课程平台通过提供丰富的课程内容、多样的互动与评估方式、认证与证书体系，以及与全球高校和教育机构合作，使得在线教育资源更加丰富和多元。此外，MOOC 平台还依托先进的互联网技术和教育技术创新，为用户提供稳定、高效的学习体验，满足不同学习者的需求。在未来，随着新兴技术的发展和在线教育市场的不断扩大，MOOC 平台将继续发挥重要作用，推动教育创新与变革，并促进学科之间的交互与融合（见图 2.4）。

图 2.4　课程融合概念图

2.4.2　MOOC 的应用案例

1. Coursera

Coursera 是全球领先的 MOOC 平台之一，与众多世界顶级大学进行了合作，如斯坦福大学、耶鲁大学、密歇根大学等。在 Coursera 上，学习者可以学习各种领域的课程，如计算机科学、数据科学、商业管理等。一个典型的应用案例是斯坦福大学的"机器学习"课程，这门课程由著名教授吴恩达开设，吸引了全球数百万学习者报名参加。

2. edX

edX 是由哈佛大学和麻省理工学院联合创办的 MOOC 平台,提供来自全球顶级高校和教育机构的在线课程。edX 平台上的"CS50:计算机科学导论"课程是哈佛大学最受欢迎的课程之一,通过该课程,学习者可以掌握编程基础和计算机科学的核心概念。

3. Udacity

Udacity 是一个专注于技术领域的 MOOC 平台,提供众多与计算机科学、人工智能、数据科学等领域相关的课程。Udacity 的"无人驾驶工程师"纳米学位项目是一个典型的应用案例,项目涵盖了无人驾驶汽车的核心技术,如计算机视觉、传感器融合、控制系统等。通过该项目,学习者可以掌握无人驾驶汽车的相关知识和技能。

4. Khan Academy

Khan Academy 是一个非营利性的在线教育平台,提供免费的 K-12 教育资源。在 Khan Academy 上,学习者可以学习数学、科学、编程等课程,通过视频讲解、练习题和测验等形式进行学习。一个典型的应用案例是 Khan Academy 的"数学"课程,该课程覆盖了从幼儿园到高中的数学知识,帮助学习者巩固数学基础。

5. 中国大学 MOOC(慕课)

中国大学 MOOC 是中国领先的 MOOC 平台,与国内众多知名高校进行了合作,如清华大学、北京大学、复旦大学等。在该平台上,学习者可以学习各个领域的课程,如经济管理、计算机科学、人文社科等。

6. 网易云课堂

网易云课堂是国内知名的在线教育平台,提供各种专业课程、兴趣课程以及职业培训。在该平台上,学习者可以学习编程、设计、语言、心理学等课程。一个典型的应用案例是浙江大学的"Python 语言程序设计"课程,通过学习该课程,学习者可以掌握 Python 编程语言的基本语法和应用。

7. 学堂在线

学堂在线是由清华大学发起的中国首个国家级在线教育平台,旨在为国内外学习者提供优质的在线教育资源。在该平台上,学习者可以学习各种学科的课程,如工程技术、自然科学、医学等。一个典型的应用案例是北航的"线性代数"课程,该课程通过详细的讲解、丰富的例题和习题,帮助学生掌握线性代数的基本理论和方法。

8. 腾讯课堂

腾讯课堂是腾讯公司旗下的在线教育平台,提供众多专业课程、兴趣课程以及职业培训。在该平台上,学习者可以学习编程、设计、外语等课程。一个典型的应用案例是南京大学的"数据结构与算法"课程,通过该课程,学习者可以了解数据结构的基本概念、常用数据结构实现和应用,以及算法设计与分析的方法。

2.4.3 中国大学 MOOC

中国大学 MOOC(慕课)是中国领先的 MOOC 平台,由教育部、中国教育和科研计算机网(CERNET)共同推出。该平台汇集了国内外知名高校的优质课程资源,涵盖了经济管理、计算机科学、人文社科、工程技术等多个领域。中国大学 MOOC 致力于为广大学生、自学者以及终身学习者提供便捷、高效的在线学习途径,推动教育资源共享和教育公平。中国大学 MOOC 的部分典型课程如下。

清华大学的"程序设计基础"课程:这门课程由清华大学计算机系的教授们授课,旨在帮助学生掌握计算机编程的基本概念和技巧。课程包含了 C 语言编程基础、循环结构、数组和指针等内容。通过学习该课程,学习者将能够熟练掌握 C 语言编程,并具备继续学习其他编程语言的基础。

北京大学的"中国古代文化研究"课程:这门课程旨在通过对中国古代文化的研究,帮助学习者了解和认识中华民族悠久的历史和文化。课程涉及了古代文明、文化遗产、传统文化等内容,通过对文献、历史事件和文化现象的分析,使学习者能够深入了解中国古代文化的多样性和复杂性。

南京大学的"数据结构与算法"课程:这门课程由南京大学计算机系教授讲授,主要介绍了数据结构与算法的基本概念、常用数据结构实现和应用以及算法设计与分析的方法。课程内容包括线性表、树、图等数据结构以及排序、查找、动态规划等算法。通过学习该课程,学习者将能够熟练掌握数据结构与算法的基本知识,并具备解决实际问题的能力。

上海交通大学的"操作系统"课程:该课程由上海交通大学计算机系教授讲授,主要介绍了操作系统的基本原理、体系结构和实现技术。课程内容包括进程管理、内存管理、文件系统、设备管理等。通过学习这门课程,学习者将能够了解操作系统的工作原理和实现方法,为进一步学习计算机科学领域的高级课程奠定基础。

中国科学技术大学的"线性代数"课程:这门课程旨在帮助学习者掌握线性代数的基本概念、方法和应用,课程内容涵盖了向量空间、矩阵运算、特征值与特征向量等。通过学习这门课程,学习者将能够熟练掌握线性代数的基本知识,并为进一步学习数学和其他科学领域打下基础。

浙江大学的"计算机网络"课程:这门课程由浙江大学计算机系教授授课,旨在帮助学习者了解计算机网络的基本原理和技术。课程涵盖了计算机网络体系结构、协议、路由、网络安全等方面的内容。通过学习这门课程,学习者将能够了解计算机网络的工作原理,并具备分析和解决网络问题的能力。

中山大学的"心理学基础"课程:该课程旨在帮助学习者了解心理学的基本概念、理论和研究方法,涵盖了认知心理学、发展心理学、社会心理学等领域。通过学习这门课程,学习者将能够了解心理学的主要领域和研究方法,为进一步学习心理学相关课程打下基础。

武汉大学的"大数据技术与应用"课程:该课程旨在帮助学习者掌握大数据的基本概念、技术和应用。课程内容包括大数据基础、大数据处理框架、大数据存储技术、大数据挖掘与分析等。通过学习这门课程,学习者将能够了解大数据技术的工作原理,并具备分析和解决大数据问题的能力。

复旦大学的"现代物理学"课程:这门课程介绍了现代物理学的基本理论,涵盖了相对论、量子力学、原子物理、固态物理等领域。通过学习这门课程,学习者将能够了解现代物理学的基本原理,并为进一步学习物理学相关课程奠定基础。

这些案例展示了中国大学 MOOC 平台提供的课程内容涵盖了各个学科领域,既有理工科课程,也有人文社科课程,为不同学科背景的学习者提供了丰富的学习资源。学习者可以自主学习这些在线课程,提高自己的知识水平和技能。

2.5 移动技术

智能手机和平板电脑普及使得在线教育进入了移动学习时代。通过移动应用程序,学习者可以随时随地学习,使得学习过程更加便捷和灵活。

2.5.1 移动技术在在线教育中的应用特点

1. 便捷性

随着智能手机和平板电脑的普及,学习者可以随身携带这些设备,并在任何时间、任何地点访问在线教育资源。这大大提高了学习的便捷性,使学习者可以利用零碎时间学习,提高学习效率。

2. 互动性

移动设备的触摸屏技术为在线教育带来了更丰富的互动体验。学习者可以直接在屏幕上操作、绘画和写字,提高了学习过程的参与度。此外,移动应用程序还可以支持实时聊天、问答、讨论等功能，加强学习者之间的互动交流。

3. 学习个性化

移动应用程序可以根据学习者的行为数据和学习成果，为学习者推荐合适的课程和学习资源。此外，一些应用程序还可以根据学习者的能力和进度，提供个性化的学习路径和辅导建议。

4. 生动性和直观性

移动设备具有丰富的多媒体功能，可以播放音频、视频、动画等多种形式的教学资源。这些多媒体资源可以为学习者提供更加生动和直观的学习体验，提高学习效果。

5. 安全性和便捷性

智能手机和平板电脑内置了多种传感器，如摄像头、麦克风、陀螺仪等。这些传感器可以在在线教育应用中发挥重要作用，例如，利用摄像头进行面部识别，实现远程考试的身份验证；使用麦克风实现语音识别，方便学习者进行语音输入等。

6. 沉浸式的学习体验

通过移动设备的摄像头和显示器，学习者可以体验虚拟现实和增强现实技术（见图2.5）。这些技术可以将虚拟的教学内容与现实环境相结合，为学习者提供更加沉浸式和真实的学习体验。

图 2.5　移动虚拟技术

移动技术为在线教育带来了诸多便利和创新，使学习过程变得更加便捷、灵活和个性化。随着移动技术的不断发展，我们有理由相信在线教育移动技术将在未来继续改变在线教育的形式和方式。

2.5.2 移动技术在在线教育中的应用案例

1. Duolingo

这是一款著名的语言学习应用程序,通过有趣的游戏化的学习方法,帮助学习者在短时间内掌握新的语言技能。用户可以随时随地使用手机学习不同的语言,还可以与其他学习者进行互动和竞争。

2. TED

TED移动应用程序为学习者提供了来自全球顶尖专家的精彩演讲视频。用户可以随时随地观看这些视频,获取最新的知识和灵感。

3. Khan Academy

这是一家非营利性的在线教育机构,提供了丰富的免费课程资源。通过其移动应用程序,学习者可以随时随地学习各种学科,如数学、科学、计算机编程等。

4. 墨墨背单词

这是一款专门为英语学习者设计的单词记忆应用。通过智能的记忆算法和个性化的复习计划,帮助学习者高效地记忆和巩固单词。

2.5.3 微信课堂

作为中国著名的即时通讯软件,微信推出了课堂功能,允许教育者在微信平台上创建课程、发布作业、互动交流等。学习者可以通过手机直接参加这些课程,方便快捷。

微信课堂是微信平台上的一个教育功能应用,它使教育者能够在微信中创建和管理在线课程,为学习者提供便捷的学习渠道,是在线教育的一种有效方式,能够满足在线教育的以下功能需求。

课程创建与管理:教育者可以在微信课堂中创建课程,上传课程资料,如文档、图片和音视频等。教育者还可以对课程进行管理,如修改课程信息、调整课程顺序等。

学员招募与管理:教育者可以通过微信群、公众号等渠道邀请学员加入课堂。同时,教育者可以对学员进行管理,如查看学员信息、调整学员分组等。

互动交流:微信课堂支持实时聊天功能,教育者和学员可以通过文字、语音、图片等方式进行互动交流。此外,教育者还可以发布作业、组织在线讨论等,提高学习者的参与度。

作业布置与批改：教育者可以在微信课堂中布置作业，学员可以直接在微信中完成作业并提交。教育者可以在线批改作业，并给出评语和建议。

课程推广与分享：微信课堂支持课程推广和分享，教育者可以通过微信朋友圈、公众号等渠道进行课程推广，吸引更多学员加入。

移动便捷性：微信课堂充分利用了移动互联网的优势，学员可以随时随地通过手机参加课程，实现灵活学习。

微信课堂为在线教育提供了一种新的途径，帮助教育者更好地与学习者互动，提高在线教学的效果。随着移动互联网的普及，我们可以期待微信课堂等在线教育平台会继续发展和完善，为教育事业作出更大的贡献。

2.6 云计算和大数据技术

2.6.1 云计算在在线教育中的优势

云计算是一种通过互联网提供计算资源（如服务器、存储和应用程序）的技术。它允许用户按需使用这些资源，并且可以根据需求动态调整，在在线教育中具有以下方面的优势。

降低成本：云计算减少了教育机构购买和维护硬件设施的需求，降低了在线教育平台的建设和运营成本。

弹性扩展：云计算可以根据在线教育平台的需求动态调整资源，确保平台在面临高峰时期或突发事件时依然能够稳定运行。

高可用性：云计算服务提供商通常具备强大的基础设施和数据备份能力，确保在线教育平台的可用性和数据安全。

快速部署：通过云计算，教育者可以快速部署在线教育平台和应用程序，加速创新和市场推广。

2.6.2 大数据技术在在线教育中的优势

大数据技术是处理大量数据并从中提取有价值信息的技术。在线教育产生了大量的数据，如学习者行为数据、成绩数据和互动数据等。通过大数据分析技术，教育者可以从这些数据中获取洞察,优化教学资源和策略(见图 2.6)。大数据技术在在线教育中具有以下方面的优势。

图 2.6 大数据技术与在线教育的结合

个性化学习:通过分析学习者的行为数据,大数据技术可以帮助教育者识别学习者的需求和兴趣,为他们提供个性化的学习资源和路径。

学习分析:大数据技术可以帮助教育者分析学习者的成绩和进步,发现学习者在某个领域的优势和劣势,从而调整教学策略。

预测分析:通过对历史数据的分析,大数据技术可以预测学习者的未来表现,帮助教育者制定更有效的干预措施。

智能推荐:大数据技术可以分析学习者的兴趣和行为,为他们推荐相关的课程、资源和活动,提高学习者的参与度和满意度。

2.6.3 云计算和大数据技术在在线教育中的应用案例

1. 慕课平台

许多慕课平台(如 Coursera、edX 和中国大学 MOOC)利用云计算和大数据技术提供稳定、高效和个性化的在线课程服务。通过对学习者行为数据的分析,平台可以推荐相关课程、优化学习路径,提高学习者的满意度。

2. KNEWTON

KNEWTON 是一家教育科技公司,其采用大数据技术为学习者提供个性化的学习体验。通过分析学习者的行为数据,KNEWTON 可以动态调整学习内容和难度,以适应学习者的需求和能力。

3. 蓝思 AI 课堂

蓝思 AI 课堂是一款基于云计算和大数据技术的在线教育平台，它为教育者提供了一个集成的环境，可以轻松创建、管理和追踪学习者的学习进度。此外，该平台还利用大数据分析技术为学习者提供个性化的学习建议和资源。

4. 智能教育系统

许多智能教育系统（如 Squirrel AI、Century 等）利用云计算和大数据技术为学习者提供个性化的学习资源和支持。这些系统通过分析学习者的行为数据，为他们制定合适的学习路径，提高学习效果和效率。

5. 网易云课堂

网易云课堂是中国著名的在线教育平台之一，利用云计算技术提供稳定、高效的在线课程服务。通过对海量学习者行为数据的分析，网易云课堂可以实现个性化推荐，提高学习者的满意度。

6. 猿辅导

猿辅导是一家专注于 K-12 在线教育的平台，利用大数据技术为学习者提供个性化学习体验。通过分析学生的学习行为数据，猿辅导可以精准推荐合适的学习资源，有助于提高学生的学习效果和效率。

7. 好未来

好未来（原名 TAL 教育集团）是中国领先的教育科技公司，通过云计算和大数据技术为学习者提供个性化的在线教育服务。好未来利用大数据分析，对学生的学习进度、成绩和行为进行实时追踪，为教师和学生提供智能化的教育支持。

8. 作业帮

作业帮是一款基于云计算和大数据技术的在线教育平台，为学生提供学习辅导和资源。通过对学生行为数据的分析，作业帮可以实现智能推荐，帮助学生更高效地找到合适的学习资源和解答。

2.6.4　腾讯课堂

腾讯课堂是腾讯公司推出的一个在线教育平台，致力于为学习者提供高品质、多样化的在线课程和学习资源。腾讯课堂整合了腾讯旗下的优质资源，通过互联网技术为用户提供便捷、高效的学习体验。腾讯课堂特点明显,支持多种在线教育所需的功能。其主要特点包括以下方面。

丰富的课程资源:腾讯课堂涵盖了多个领域,如职业技能、语言学习、K-12 教育、艺术、兴趣爱好等。平台上汇集了众多优质课程,既有知名高校教授的讲座,也有行业专家和实战导师的经验分享。

个性化推荐:腾讯课堂利用大数据技术,根据学习者的行为、兴趣和需求为其推荐相关课程和资源,帮助学习者更高效地找到合适的学习内容。

多样化的学习方式:腾讯课堂支持多种学习形式,如录播课程、直播课程、微课程等,以满足不同学习者的需求。此外,学习者可以通过手机、平板和计算机等多种设备随时随地进行学习。

互动交流:腾讯课堂鼓励学习者之间的互动和交流,为学习者提供评论、问答等功能,帮助学习者解决问题、分享经验。此外,学习者还可以与讲师进行实时互动,获取更多指导和支持。

课程购买与学习进度追踪:腾讯课堂提供便捷的课程购买渠道,支持微信支付、QQ 钱包等多种支付方式。学习者可以通过平台轻松购买课程,同时平台会记录学习进度,方便学习者随时回顾和继续学习。

企业和机构合作:腾讯课堂还与众多企业、教育机构和政府部门合作,共同推广优质教育资源。通过与合作伙伴共同开发课程和项目,腾讯课堂为学习者提供了更丰富的学习资源和实践机会。

腾讯课堂作为一个综合性的在线教育平台,为学习者提供了丰富的课程资源和便捷的学习体验。通过整合腾讯旗下的技术和资源,腾讯课堂不仅帮助个人学习者提升技能、拓宽知识领域,还为企业和教育机构提供了合作和发展的机会。随着在线教育市场的不断壮大,腾讯课堂将继续优化平台功能和服务,为中国乃至全球的在线教育事业做出积极贡献。

2.7 人工智能技术

2.7.1 人工智能技术在在线教育中的应用

人工智能技术如机器学习、自然语言处理和计算机视觉等,为在线教育带来了诸多创新应用。

个性化学习:通过机器学习和大数据分析,智能系统可以根据学习者的特点和需求,为他们提供定制化的学习资源和路径。这种个性化学习方法有助于提高学习效果,满足不同学习者的需求。

自适应学习:自适应学习是指根据学习者的表现和进度,动态调整学习内容和难度。机器学习算法可以实时分析学习者的行为数据,为他们提供适当的挑战和支持,从而提高学习效果。

智能推荐:通过自然语言处理和机器学习技术,智能推荐系统可以分析学习者的兴趣和需求,为他们推荐相关的课程和资源。这种智能推荐方式可以帮助学习者更有效地发现和探索感兴趣的领域。

虚拟助手:虚拟助手是基于自然语言处理和语音识别技术的智能问答系统,可以帮助学习者解决学习过程中遇到的问题。通过与虚拟助手交流,学习者可以获得实时的反馈和支持,提高学习体验。

智能评估:利用机器学习和计算机视觉技术,智能评估系统可以自动批改学习者的作业和考试,提供客观、准确的评分结果。这种智能评估方式可以减轻教育者的工作负担,同时为学习者提供及时的反馈。

在线实验室和仿真:借助计算机视觉和图形处理技术,在线实验室和仿真系统可以为学习者提供虚拟的实践环境,帮助他们掌握实际操作技能。在线实验室和仿真在 STEM 教育、医学教育等领域具有广泛应用前景。

人工智能技术为在线教育带来了诸多创新应用,有望提高教育质量和效果,满足不同学习者的需求。随着人工智能技术的不断发展,其在在线教育领域的应用将进一步拓展。

2.7.2 人工智能技术在在线教育中的应用案例

1. 智能推荐系统

在学习管理系统和在线教育平台中,智能推荐系统可以通过分析学习者的行为和兴趣,推荐适合的课程和资源。例如,Coursera 和 edX 等 MOOC 平台采用智能推荐系统为学习者提供个性化的学习建议。

2. 个性化学习

人工智能技术可以根据学习者的特点和需求,定制个性化的学习计划和教学策略。例如,Knowbox 是一款基于人工智能的学习辅助工具,可以根据学习者的知识点掌握情况和学习进度,推荐适合的学习资源和练习题目。

3. 智能评估和反馈

人工智能技术可以快速分析学习者的答题情况和作业表现,提供及时的评估和反馈。

例如,AI 教育公司 Liulishuo 开发了一款基于人工智能的英语口语练习应用,可以自动评估学习者的发音和语调,提供针对性的反馈和改进建议。

4. 虚拟教师和助手

人工智能技术可以创建虚拟的教师和助手,为学习者提供在线答疑和辅导服务。例如,谷歌开发了一款基于人工智能的教育应用 Grasshopper,该虚拟教师可以帮助初学者学习编程知识和技能。

5. 虚拟现实和增强现实技术

人工智能技术可以结合虚拟现实和增强现实技术,创造更加真实和互动的学习环境。例如,普渡大学开发了一款基于增强现实的化学实验应用,可以通过虚拟化的实验室,让学习者更加安全和便捷地模拟化学实验。

6. 语音识别和自然语言处理技术

人工智能技术可以通过语音识别和自然语言处理技术,实现自动化的语音翻译、问答和语音交互等功能。例如,VIPKID 是一家在线英语教育数字化平台,利用人工智能技术为学习者提供实时的语音翻译和口语评估服务。

7. 聊天机器人和语音助手

人工智能技术可以创建聊天机器人和语音助手,为学习者提供 24 小时在线辅导和答疑服务。例如,学而思网校的小学学科机器人、中学学科机器人等,可以通过自然语言处理技术回答学生提出的问题。

8. 智能导师

人工智能技术可以结合大数据分析技术,创建智能导师,为学习者提供个性化的学习支持和建议。例如,中国科学技术大学与阿里云合作开发了一款基于大数据和人工智能的学业智能化系统,可以为学生提供个性化的学习建议和追踪学习进展。

9. 聚合式智能教育平台

人工智能技术可以将不同的在线教育资源和应用集成在一起,为学习者提供一站式的学习解决方案。例如,中国大学 MOOC 汇集了国内外各大高校和教育机构的优质在线课程资源,为学习者提供全方位的学习体验。

2.7.3 智能导师

智能导师是一种基于人工智能技术的学习支持系统,通过大数据分析和机器学习算法,为学习者提供个性化的学习支持和建议(见图2.7)。智能导师可以跟踪学习者的学习进展、分析学习者的学习行为和习惯、提供个性化的学习路线和建议,帮助学习者更加高效地学习和掌握知识。

图2.7　智能导师概念图

例如,智能导师可以实现以下典型功能。

诊断学习状况:智能导师可以通过对学习者的学习行为和成果进行分析,诊断学习者的学习状况,找出学习的瓶颈和问题,提出相应的解决方案。

提供个性化的学习建议:智能导师可以根据学习者的学习状况和学习偏好,提供个性化的学习建议,例如适合学习者的课程、练习题和学习计划。

智能推荐资源:智能导师可以根据学习者的学习兴趣和水平,推荐适合的学习资源和学习活动,例如在线课程、学习社区和学习小组。

评估学习成果:智能导师可以通过分析学习者的学习行为和成果,评估学习者的学习成果和效果,给出相应的反馈和建议。

智能导师可以应用于不同的教育场景,例如在线教育、远程教育和混合式学习等。智能导师可以为学习者提供个性化的学习支持和指导,提高学习效率和质量,同时也可以为教育机构提供更好的学习管理和服务。

2.8　虚拟现实和增强现实技术

虚拟现实和增强现实技术是近年来在线教育中越来越受到关注的技术。虚拟现实技术可以创建一个虚拟环境,使学习者可以在虚拟环境中与学习对象进行互动和体验,提高学习效果和趣味性。增强现实技术可以将现实世界和虚拟信息结合在一起,为学习者提供实时的视觉和听觉反馈,使得学习体验更加丰富和生动。

在教育领域中,虚拟现实和增强现实技术可以应用于各种学科领域,如生物学、化学、地理、历史、艺术等。例如,在生物学领域,学习者可以使用虚拟现实技术进入细胞或人体器官内部进行探索和学习,或者通过增强现实技术观察和分析生物样本(见图2.8)。在历史领域,学习者可以通过虚拟现实技术参观历史遗址或重要事件的场景,或者通过增强现实技术观察历史文物和文献。

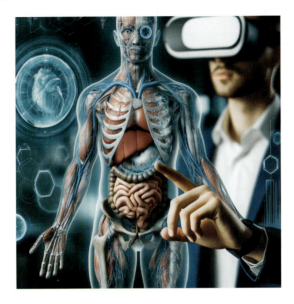

图 2.8 虚拟生物教学

2.8.1 AR 技术在在线教育中的应用

1. AR 书籍

AR 技术可以将书本内容与虚拟内容结合,实现沉浸式阅读体验。例如,学生可以使用手机或平板电脑扫描书本页面上的 AR 标记,观看与书籍内容相关的虚拟图像、视频、音频等内容。

2. AR 实验室

AR 技术可以将虚拟实验室内容与真实环境相结合,使学生可以在没有实际设备的情况下进行模拟实验。例如,学生可以使用 AR 头盔或手机 App 进行化学实验的模拟,观察和控制反应过程,更加直观地理解实验原理和现象。

3. AR 游戏式学习

AR 技术可以将游戏元素与学习内容相结合,创造出趣味性的学习体验。例如,学生可以通过AR游戏掌握课程中的数学知识,或者通过AR游戏进行历史场景的模拟,深入了解历史文化。

2.8.2 AR实验室

AR实验室是一种基于增强现实技术的虚拟实验室,通过使用AR技术,将虚拟实验室场景与真实环境相结合,使得学生能够在虚拟环境中进行实验操作和观察(见图2.9)。这种技术可以提供更安全、更便捷、更灵活的实验体验,同时也可以节省成本和实验资源。

图2.9 AR实验室

在教育领域,AR实验室可以应用于多个学科领域,如化学、物理、生物等,为学生提供与传统实验室相似的实验环境,但更为灵活和便捷。学生可以通过移动设备访问AR实验室,随时进行实验操作和观察,无须前往传统实验室,可以避免安全风险和时间限制。同时,AR实验室可以提供更丰富的实验场景和数据,帮助学生更好地理解和掌握实验原理和知识点。

AR实验室逐渐得到了推广和应用。例如,上海交通大学机械与动力工程学院的AR实验室可以为学生提供多个领域的实验体验,如机器人、动力学、流体力学等;南京理工大学物理科学与技术学院的AR实验室可以为学生提供物理实验的虚拟环境和交互体验。这些AR实验室不仅可以提高学生的实验操作技能和实验数据分析能力,还可以激发学生的兴趣和创新精神。

清华大学AR实验室主要研究AR技术在教育领域的应用,其研究方向包括AR教育资源开发、AR课程设计和实现、AR应用评估和优化等。该实验室的研究成果包括AR教学系统、AR教学工具、AR课程设计等,其中一些已经在清华大学的教育教学中得到了应用。

2.9 社交媒体和协作工具

社交媒体和协作工具如微博、微信、Facebook、Twitter、Slack 等,为在线教育提供了便捷的沟通和协作渠道。学习者可以通过这些工具分享学习经验、讨论问题、建立学习社群,从而提高学习动力和成效(见图 2.10)。

图 2.10 社交媒体和协作工具与在线教育结合

2.9.1 社交媒体和协作工具在在线教育中的应用

1. 微信公众号

微信公众号是一种广泛应用的社交媒体工具,在在线教育中可以作为教育机构和教育者的信息发布平台,同时也可以作为学习者获取课程资源和与教育者沟通的渠道。

2. 智能协作工具

智能协作工具如 Slack 等,可以帮助教育者和学习者更方便地进行团队协作和沟通。

3. 社交学习平台

社交学习平台如学堂在线、51CTO 等,是一种结合了在线学习和社交功能的综合性学习平台。学习者可以在平台上与教育者和其他学习者进行交流和互动,共同完成课程任务和项目。

4. 社交媒体营销

社交媒体营销是一种将社交媒体应用于教育机构和教育者品牌营销的策略。通过建立品牌形象、推广课程资源和优化用户体验,教育机构和教育者可以更好地吸引学习者和提高在线教育品牌的知名度。

2.9.2　清华大学利用微信公众号开展在线教育

清华大学开设了多个微信公众号,例如"清华大学微课程""清华大学课程中心""清华大学教务处"等,为学生和教师提供了便捷的信息传递和学习资源共享平台。

其中,"清华大学微课程"公众号提供了多个微课程,内容涵盖了物理、化学、数学、计算机等多个领域,让学生可以通过手机随时随地学习。这些微课程内容丰富,形式多样,包括视频、音频、图文等。同时,学生还可以通过该公众号参加在线测试,查看成绩和课程证书。

"清华大学课程中心"公众号为学生提供了更加综合的在线教育服务。学生可以在该公众号中查看自己的课表、成绩、课程资料等信息。同时,该公众号还提供了在线作业、在线测验、论坛等功能,帮助学生更好地掌握课程内容,提高学习效果。

清华大学利用社交媒体为学生和教师提供了便捷的信息交流和学习资源共享平台,为在线教育注入了新的活力。

2.9.3　美国哈佛大学利用 Slack 协作工具开展在线教育

哈佛大学是一所知名的私立研究型大学,在在线教育领域也有许多创新尝试。其中,利用 Slack 协作工具是一个成功的案例。

哈佛大学教育学院的研究小组在 2016 年推出了一门名为"Basecamp"的在线课程,旨在帮助学生了解项目管理的基础知识和技能。在这个课程中,学生们需要利用 Slack 等协作工具进行团队合作和沟通。

通过 Slack,学生们可以轻松地分享文件、讨论问题、安排会议和交流想法。同时,课程导师可以监督学生的学习进度,并提供个性化的指导和反馈。通过这种方式,学生们可以更好地掌握项目管理的实践技能,同时也增强了协作和沟通能力。

2.10　开源技术和资源

开源技术和资源指的是一类公开且免费的软件和内容资源,其中包括源代码、课程、教材等。这些资源不仅可以自由地被使用、修改和分发，还可以让教育者和学习者在教育过程中更加自由和灵活。

在在线教育领域中，开源技术和资源的应用范围非常广泛。例如，使用开源的学习管理系统如 Moodle、Canvas 和 Chamilo 等，教育者可以更加轻松地管理课程内容、组织学习活动和评估学习成果，为学习者提供更好的学习体验。此外，开源的虚拟现实和增强现实技术库，如 A-Frame 和 AR.js 等，可以帮助教育者更轻松地构建和定制沉浸式和交互式的学习体验。另外，开源的在线课程、教材和学习资源库，如 MIT 开放式课程、OpenStax 和 Khan Academy 等，为学习者提供了免费和高质量的学习资源，促进了教育普及和公平。

在开源技术和资源的推动下，越来越多的在线教育平台和教育机构开始采用开源的教学资源和工具，这不仅有助于降低教育成本，也有助于提高教育质量和教育公平。

2.10.1 开源技术和资源在在线教育中的应用

1. 开源软件平台

开源的学习管理系统如 Moodle、Open edX、Canvas 等，可以免费下载、安装和使用。这些 LMS 不仅提供了完整的教学功能，而且可以定制化，满足不同教育机构的需求。此外，开源的内容管理系统(CMS)如 WordPress、Joomla 等，也可以用于在线教育平台搭建和管理。

2. 开源课程和教学资源

有许多教育机构和教育者将自己的教学资源和课程发布到开源平台上，供全球范围内的学习者免费或低成本地使用，如 Coursera、edX、Udemy 等。这些资源可以丰富教学内容，提高学习效果。

3. 开源工具和应用程序

开源工具和应用程序可以为在线教育提供各种辅助功能，如多媒体创作、内容管理、评估和反馈等。例如，开源的视频编辑软件 Blender、GIMP 图像处理软件、Audacity 音频编辑软件等，都可以用于在线教育的多媒体创作和制作。

4. 开源社区和协作平台

开源社区和协作平台可以为教育者提供交流和协作的机会，促进知识共享和合作。例如，GitHub 是一个开源代码托管平台，许多教育机构和教育者在上面分享和协作编写代码和软件。同时，开源社区也可以为学习者提供互动和交流的平台，如 Stack Overflow、Quora 等。

2.10.2 开源工具和应用程序

开源工具和应用程序在在线教育中扮演着重要角色,以下是一些常见的开源工具和应用程序。

Moodle:Moodle 是一款广泛使用的学习管理系统,它是基于 Web 的,可以轻松地部署和管理在线课程,同时还提供了多种教学工具和资源。

WordPress:WordPress 是一款流行的开源内容管理系统,可以用于构建在线教育网站和博客,同时还有大量的插件和主题可供选择。

GIMP:GIMP 是一款免费的图像处理软件,可以用于创建和编辑在线课程中的图片和图表等。

Audacity:Audacity 是一款免费的音频编辑软件,可以用于录制、编辑和处理在线课程中的音频。

LibreOffice:LibreOffice 是一款免费的办公套件,包括文本编辑器、电子表格和演示文稿等,可以用于创建和编辑在线课程的文档和演示。

这些开源工具和应用程序可以在全球范围内免费获取和使用,同时还有活跃的社区和开发者支持。通过使用这些工具和应用程序,教育者可以快速搭建和管理在线课程,并提供高质量的教学资源和工具,从而为学习者提供更好的学习体验和成果。

2.10.3 开源软件平台

开源软件平台是指在开放源代码的基础上,允许用户自由使用、修改和分发的软件平台(见图 2.11)。开源软件平台的主要特点是开放性、自由性、灵活性和互操作性,能够为在线教育提供丰富的功能和扩展性,同时还能够降低教育机构的成本。

以下是一些常用的开源软件平台。

Moodle:Moodle 是一款基于 Web 的开源学习管理系统,被广泛用于在线教育和培训领域。Moodle 提供了丰富的课程管理和学习活动工具,支持在线作业、测验和讨论等教学活动。它还提供了灵活的课程设置和自定义功能,支持多语言和多设备访问。

Sakai:Sakai 是一个开源的协作和学习环境,可以用于支持课程管理和在线学习。它提供了丰富的工具,包括课程管理、作业、测验、论坛、博客等,同时还支持多语言和多设备访问。

Open edX:Open edX 是一个开源的在线课程平台,由 MIT 和哈佛大学共同开发,

图 2.11　开源平台

目前已经成为全球最大的开源在线课程平台之一。Open edX 提供了课程制作、管理和交付的一整套工具，支持在线视频、测验、作业、讨论等教学活动。

Canvas：Canvas 是一款商业化的学习管理系统，但也提供了开源版本。它是一个灵活的平台，支持在线教育和培训领域的多种应用，包括课程管理、作业、测验、讨论等。Canvas 还支持移动设备访问，以及多语言和多设备兼容性。

ILIAS：ILIAS 是一款基于 Web 的开源学习管理系统，提供了一系列的课程管理和学习活动工具，包括在线作业、测验、讨论、博客等。ILIAS 还提供了灵活的课程设置和自定义功能，支持多语言和多设备访问。

Moodle 中国：Moodle 是全球知名的开源学习管理系统，Moodle 中国致力于为中国的教育者提供免费的 Moodle 平台，促进在线教育发展。

Open edX 中国：Open edX 是另一个全球知名的开源在线教育平台，Open edX 中国提供免费的 Open edX 平台，帮助教育机构快速搭建在线教育系统。

TsinghuaX：清华大学开设的 MOOC 平台，采用 Open edX 平台，提供全球优质的在线课程资源。

Gitee：Gitee 是国内领先的开源代码托管平台，也提供在线教育平台建设的技术支持和解决方案。

开源软件平台的优点包括灵活性高、可定制性强、社区支持和费用低廉等，可以满足不同教育机构和用户的需求。同时，使用开源软件平台也需要注意一些问题，如安全性、技术支持和学习曲线等。

这些开源平台不仅提供了免费的在线教育平台搭建，也提供了丰富的课程资源和教学工具，为在线教育发展提供了重要的支持和帮助。

在线教育的技术基础是信息通信技术、网络技术和软件应用等各种技术的综合应用。

通信技术为远程教育和在线教育提供了基础，网络技术为教育资源的共享和交流提供了平台，软件应用如学习管理系统、MOOC 平台、移动应用、人工智能等则为在线教育提供了更为丰富和智能化的教学环境。

具体而言，远程教育、开放大学是在线教育的先驱，诞生于计算机和通信技术初期。网络技术快速发展为在线教育提供了更为广泛和便捷的资源和平台，学习管理系统则为教育机构提供了管理和组织在线教育的工具，MOOC 平台更是将在线教育的规模和范围扩大到全球。移动技术普及使得在线教育进入了移动学习时代，学习者可以通过移动应用随时随地进行学习。人工智能技术则为在线教育带来了更为智能化和个性化的教学方式，例如智能导师等应用。虚拟现实和增强现实技术则为在线教育提供了更为沉浸式和交互式的学习体验，例如 AR 实验室等应用。社交媒体和协作工具为在线教育提供了便捷的交流和协作渠道，例如微信公众号、Slack 等应用。开源技术和资源则为在线教育提供了丰富的教学资源和工具，例如开源软件平台和开源工具等。

随着技术的不断进步和创新，我们可以预见在线教育将继续发展，为全球范围内的学习者提供更为便捷、优质、智能化的教育资源和服务。

思考题

1. 网络技术在在线教育中扮演着重要角色。讨论一下网络技术对在线教育的关键影响和未来发展趋势。
2. 云计算和大数据技术在在线教育中的应用已经取得了显著成果。探讨一下云计算和大数据对提高学习体验和学习效果的作用。
3. 人工智能技术在在线教育中的应用非常广泛。讨论一下人工智能如何推动个性化学习和教学智能化。

课程论文研究方向

1. 网络技术对在线教育的关键作用及其未来发展研究。
2. 云计算和大数据技术在在线教育中的应用与效果评估。
3. 人工智能技术在在线教育中的应用案例研究与创新实践。

第 3 章　在线教育平台与工具

在这一章中,我们将重点关注在线教育平台和工具以及它们在实践中的应用和影响。通过深入分析这些工具的优缺点,读者可以更好地理解这些平台如何支持在线教育发展,并找到适合自己需求的解决方案。

我们将首先分析主流在线教育平台和工具的优缺点,包括学习管理系统、大规模开放在线课程平台、移动学习应用程序、协作工具以及其他创新教育技术。

在此基础上,我们将介绍学习管理系统和大规模开放在线课程的案例,展示它们在实际教育中的运用和效果。

我们还将介绍创新教育实践,通过这些案例,展示教育创新在不同级别和领域中的应用和影响。

在总结部分,我们将回顾并总结本章的主要内容,以期读者能够全面理解在线教育平台和工具的作用,以及如何有效地利用这些工具来推动教育创新。

3.1　主流在线教育平台、工具的优缺点分析

3.1.1　学习管理系统的优缺点

学习管理系统是在线教育的核心组件之一,如 Moodle、Blackboard、Canvas 等。LMS 集成了课程内容发布、学习活动管理、成绩评估等功能,使得教育者可以高效地组织和管理在线教学过程(见图 3.1)。教育机构可以通过 LMS 管理课程资源、组织学习活动和评估学习成果。

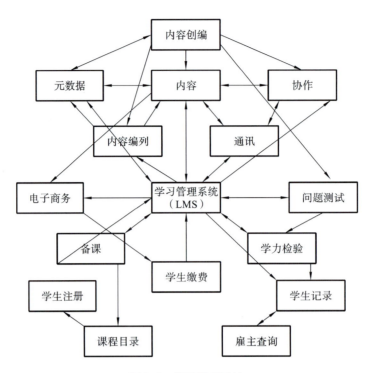

图 3.1 学习管理系统

优点：LMS 提供了一站式的在线教育解决方案，可以实现教学资源和学习过程集中管理和协调。LMS 还提供了多种学习活动和交互方式，如在线讨论、在线测试、课程作业等，可以提高学习效果和互动性。

缺点：LMS 需要一定的技术支持和运维成本，同时可能存在学习者使用难度大、不够灵活等问题。

3.1.2 大规模开放在线课程平台的优缺点

MOOC 平台如 Coursera、edX 和 Udacity 等为全球学习者提供免费或低成本的在线课程。MOOC 改变了在线教育的规模和范围，使更多人有机会接受优质教育资源。

优点：MOOC 平台具有开放性、灵活性和多样性，可以为学习者提供丰富的课程资源和学习机会。同时，MOOC 平台的互动性和社交性也在不断提高，学习者可以通过在线讨论、合作项目等方式获得更多互动和反馈。

缺点：MOOC 平台存在课程缺乏深度、缺乏个性化学习等问题，同时学习者需要有自主学习能力和学习动力。

3.1.3 移动学习应用程序的优缺点

移动学习应用程序如 Coursera、edX 和 Udacity 等为全球学习者提供免费或低成本的在线课程。移动学习应用程序改变了在线教育的规模和范围,使更多人有机会接受优质教育资源。

优点:移动学习应用程序可以支持学习者随时随地学习,方便快捷。学习者可以根据自己的时间和地点选择学习,提高学习效率和灵活性。

缺点:移动学习应用程序可能存在屏幕大小限制、设备兼容性等问题,可能会影响学习体验。另外,由于移动学习的自主性较强,学习者需要有较强的自我管理和计划能力。

3.1.4 协作工具的优缺点

协作工具如 Slack、Trello、Google Drive 等,可以为在线教育提供便捷的沟通和协作渠道。教育者和学习者可以通过这些工具共享学习资源、讨论问题、建立学习社群,提高学习动力和成效。

优点:协作工具具有便捷、高效、实时的特点,可以方便教育者和学习者之间的沟通和协作。同时,协作工具还可以提高学习者之间的互动和合作。

缺点:使用协作工具需要学习者具有一定的技术能力,否则可能会影响使用体验。另外,由于协作工具的开放性,使用协作工具存在一定的安全风险。

3.1.5 创新教育技术的优缺点

创新教育技术如虚拟现实、人工智能、大数据等,可以为在线教育带来全新的教学模式和体验。例如,虚拟现实可以模拟真实情境,帮助学习者更好地理解和掌握知识;人工智能可以提供个性化的学习支持和建议;大数据可以优化教学资源和策略。

优点:创新教育技术可以为在线教育带来全新的教学模式和体验,同时也可以提高教育资源的利用率和质量。通过创新教育技术,学习者可以获得更加个性化、高效、有趣的学习体验。

缺点:创新教育技术需要较高的技术支持和成本投入,同时可能存在安全和隐私问题。此外,由于技术的不断更新和变化,需要不断跟进和更新教育技术应用。

3.2 学习管理系统与大规模开放在线课程案例

利用 Moodle，教育者可以轻松创建和管理课程、课程资料和学习活动，例如论坛、测试、作业和调查等。同时，Moodle 提供了多种教学模式和教学工具，如在线会议、课程记录、自动评分等，以提高教学效果。对于学习者而言，Moodle 提供了易用的界面和功能，学习者可以通过 Moodle 轻松查看课程信息、提交作业、参与讨论和查看成绩。同时，Moodle 还支持移动设备访问，可以满足学习者在不同时间和地点的学习需求。

学习通由阿里巴巴集团旗下的阿里云和弘毅远创公司共同研发，是一个集成了在线课程、作业、考试、讨论、问答等功能的 LMS 平台。目前，学习通已成为全国数百所高校和培训机构的教学管理系统，覆盖学生超过 1 000 万。

iCourse 由北京大学研发，是一个基于云计算和开源技术的 LMS 平台。iCourse 不仅提供课程内容和学习管理功能，还集成了多媒体教学、在线测试和作业评估等多种功能，为学生提供全方位的学习体验。

中国的大规模开放在线课程平台中，最具代表性的莫过于中国大学 MOOC（www.icourse163.org）。截至目前，该平台累计上线课程超过 50 000 门，涵盖了多个学科领域，包括计算机科学、数学、物理、化学、生物、医学、历史、哲学等，其中不乏清华大学、北京大学、复旦大学、浙江大学、上海交通大学等国内知名高校的优秀课程资源。

该平台的特色在于与高校教学紧密结合，通过向学校提供技术和教育资源支持，扩大了高校的教育覆盖面和影响力，同时也提高了 MOOC 课程的质量和影响力。此外，中国大学 MOOC 还致力于构建开放、共享、协作的教育生态系统，与其他学习资源共享平台、在线教育平台等合作，为学习者提供更多的选择和机会。

3.3 创新教育案例

3.3.1 清华大学创新教育的案例

清华大学 iCenter 基础工业训练中心的"清华未来教育实验室"项目成立于 2013 年，是清华大学最具代表性的创新创业教育项目之一。该项目旨在推动清华大学未来教育探索和实践,打造基于技术、实践和开放的教育模式,培养具有创新精神和实践能力的人才。

该实验室采用了多种创新教育技术和工具,如虚拟现实、人工智能、云计算和大数据等,以提供沉浸式、交互式和个性化的学习体验(见图3.2)。同时,该实验室还鼓励学生参与创新创业实践,通过设计、研发和推广创新产品和服务,提高学生的实践能力和创新精神。通过打造创新创业生态系统,为学生提供了全方位的创业培训和资源支持。采用导师制度,将学生分组,每个小组都有一名经验丰富的导师指导。同时,也会组织一系列创业活动和比赛,如创业大赛、创新讲座等,为学生提供实践机会和展示平台。核心课程包括"创新与创业导论""创业计划书写作""创新创业实践"等,覆盖创新创业的全过程。

图 3.2 清华大学创新教育示例

清华未来教育实验室还与国内外众多教育机构和企业合作,建立了开放的教育资源和服务平台,为学生和教育者提供更多的学习和教学机会。该实验室的创新教育模式和实践经验已经在国内外得到广泛认可和推广。

该项目的成功在于将教育和实践相结合,为学生提供了实践机会和资源支持,培养了他们的创新能力和创业精神。同时,该项目还推动了清华大学的创新创业教育改革,为其他高校提供了借鉴和参考。

3.3.2 哈尔滨工业大学创新教育的案例

哈工大智慧教育工程是由哈尔滨工业大学发起的教育创新项目,旨在推动教育信息化和教育教学改革,为学生提供个性化、定制化的学习体验。

该项目建立了基于大数据和人工智能技术的学习管理系统和智能学习平台,能够根据学生的兴趣、学习习惯和知识背景,为其推荐适合的学习资源和活动。此外,该平台还支持在线交流、学习笔记、互动评价等功能,以促进学生的合作学习和交流。

该项目的特点在于注重学生的个性化需求,利用技术手段来实现定制化的学习体验,以提高学生的学习兴趣和学习效果。该项目还在多个领域进行了探索,如虚拟现实教学、在线实验室等,为教育教学创新提供了新思路和方法。

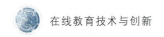

3.3.3　北京师范大学附属实验中学创新教育的案例

北京师范大学附属实验中学的探究式教学是一个创新教育的典型案例。该校实施的探究式教学,旨在激发学生的探究兴趣和创新能力,培养学生自主学习和解决问题的能力,包括以下几个方面的创新。

教学内容开放化:探究式教学不仅注重传授基本知识,更注重让学生进行实践探究。在课堂中,教师不仅传授基本知识,还会引导学生阅读相关文献、观察实验现象、解决实际问题,培养学生的实践能力。

学生主动参与:探究式教学注重鼓励学生参与和互动。学生在探究过程中需要思考和提问,掌握和运用相关知识和技能,达到学以致用的目的。

跨学科融合:探究式教学不仅注重学科知识传授,也注重不同学科之间的融合和交流。学生需要运用多学科的知识和技能,解决跨学科的实际问题。

实践环节强化:探究式教学在实践环节方面进行了加强。学生需要进行实践操作、设计实验方案、完成研究报告等,从而掌握相关技能和方法,培养解决问题的能力。

通过实施探究式教学,北京师范大学附属实验中学培养了一大批具有创新意识和实践能力的优秀学生。该校的探究式教学也得到了广泛关注和推广,成了创新教育的典范。

3.3.4　上海交通大学创新教育的案例

"学习汇"是上海交通大学主导的公益项目,旨在通过提供多样化的学习资源,鼓励学生主动学习和自主探究,培养学生的创新能力和终身学习意识。该项目提供多种形式的学习资源,包括学术讲座、创新实践、公益志愿等。同时,"学习汇"还鼓励学生参加竞赛和创业项目,提高学生的实践能力和创新能力。

"学习汇"项目的特色在于,它不仅提供了学习资源,还通过导师制和项目导向的方式,促进学生个性化学习和自我发展。学生可以选择自己感兴趣的领域和项目,得到导师的指导和支持,实现自我发展和创新。

该项目取得了显著的成效,得到了广泛的认可和支持。截至2021年,已有超过1 500名学生参加了"学习汇"项目,并取得了良好的学习成绩和创新成果。同时,"学习汇"项目还得到了政府、企业和社会组织的支持和赞扬,为中国的创新教育探索提供了宝贵的经验和参考。

3.3.5 上海市静安区一所幼儿园创新教育的案例

上海市静安区虹桥实验幼儿园在教育教学方面实行探究式学习,倡导"从娃娃抓起,发掘潜能"。该幼儿园通过创设探究区、创客中心等特色教室,培养幼儿的探究精神和实践能力。

探究区是一个充满探究乐趣的环境,让幼儿在自主探究中学习、发现、创造。探究区内设有绘本角、数学角、科学角、语言角等,让幼儿通过游戏和探究,掌握语言、数学、科学等知识。

个性化学习:虹桥实验幼儿园倡导以幼儿为中心的教育理念,以实现每个孩子个性化学习。幼儿的学习内容、教育方式、学习进度等都因人而异。教育者以"走进孩子"的方式,通过与孩子互动,观察和记录孩子的行为,发掘每个孩子的潜能和需求,并制定针对性的教育方案,提高幼儿的学习兴趣和自主学习能力。

教育游戏:虹桥实验幼儿园倡导将教育融入游戏中,实现了幼儿教育趣味化。在幼儿园中,每个活动都有着独特的教育意义,如音乐游戏、美术游戏、阅读游戏等,通过游戏形式培养幼儿的兴趣和能力。

环境教育:虹桥实验幼儿园倡导环境教育,通过营造丰富多彩的教育环境,激发幼儿的好奇心和探究欲。幼儿园拥有多功能活动室、创客室、音乐教室、图书馆等多个教育场所,让幼儿在不同的场所中体验、探索和发现。

多元化教育:虹桥实验幼儿园倡导多元化教育,鼓励幼儿在不同领域进行探索和发现。幼儿园开设了丰富多彩的兴趣课程,如舞蹈、音乐、美术、体育、英语等,让幼儿有机会接触和了解不同领域的知识和技能。

虹桥实验幼儿园还将音乐、美术等艺术教育融入日常教学中,通过丰富多样的活动和课程,激发孩子们的创造力和想象力。同时,幼儿园注重培养孩子们的社交能力和情商,通过团队合作和情感体验活动,培养孩子们的交往能力和情感表达能力。

此外,虹桥实验幼儿园还注重家园共育,与家长建立紧密联系,定期组织家长参加课堂观摩、家庭教育讲座等活动,共同为孩子的成长和发展贡献力量。

虹桥实验幼儿园的创客中心也是其创新教育的一大亮点。创客中心是一个专门为幼儿设计的创新教育空间,鼓励幼儿在自主探究和创造性思维中发展出自己的兴趣和潜力。创客中心内有丰富的工具、材料和资源,如 3D 打印机、机器人、电路板等,可以帮助幼儿进行各种手工制作和科技创新。教育者会引导幼儿进行自主探究和创造性思维,同时也会教授相关的知识和技能。创客中心不仅可以激发幼儿的学习兴趣和创造力,还可以培养幼儿的团队协作能力、解决问题能力和创新精神,为其未来的学习和生活奠定坚实的基础。

虹桥实验幼儿园在教育理念和教学模式上进行了创新和探索，注重个性化和综合素质培养，努力打造符合现代教育发展要求的优质幼儿教育。

3.3.6　西安交通大学创新教育的案例

西安交通大学自2017年开始推行的"创新创业教育计划"，旨在培养学生的创新能力和创业精神。该计划面向全校本科生，通过课程、实践、比赛等多种形式进行教育。

该计划的特点在于开设了"创新工场"和"创新园地"两个实践平台。创新工场提供各种物理设备和软件工具，供学生自由使用，鼓励学生进行科技创新和实践探索；创新园地则提供场地和资源支持，供学生进行创业实践和团队合作。

此外，该计划还开设了多门创新创业课程，如"创新设计基础""创新创业实践"等。学生可以选择自己感兴趣的课程，通过实践和团队合作，锻炼自己的创新能力和实践能力。

该计划的效果不错，学生创新创业能力得到了很大提升，同时也带动了学校的科技创新和校园文化发展。

西安交通大学（见图3.3）的创新港是一个以创新创业为主题的综合性学生创新实践基地。它提供了一个多学科、多层次、开放式的创新创业平台，旨在培养创新创业人才，促进科技成果转化和社会经济发展。它的核心特点包括以下方面。

图 3.3　西安交通大学

多学科融合：创新港汇聚了来自不同学科的学生和导师，通过跨学科合作和交流，促进了不同领域交融和创新。

多层次支持：创新港为学生提供了不同层次的创业支持，包括创业基础培训、创业孵化、投资融资等多种服务。

开放式平台：创新港提供了开放的场地和资源，学生可以充分利用这些资源进行实验和创新，同时与校外企业、投资机构等建立合作关系。

创新港的创新教育实践包括以下几种。

创新创业课程：创新港提供了一系列的创新创业课程，涵盖了创新创业的各个方面，如创业基础、商业模式、市场分析等。

创业孵化：创新港设立了创业孵化器，为学生提供了创业基础培训、商业计划撰写、投资融资等一系列创业服务。

创新创业大赛：创新港每年举办创新创业大赛，为学生提供展示自己创新成果的机会，同时也为他们寻求资金支持、寻找合作伙伴等提供了平台。

通过创新港这样的创新教育实践，西安交通大学为学生提供一个多元化、创新创业导向的学习环境，培养具备创新意识和实践能力的人才。

3.3.7 西北工业大学创新教育的案例

西北工业大学积极推动创新创业教育，成立了"西工大创新学院"，开设了"创新创业"等相关课程。学生可以参加各类创新创业比赛、实践项目和创业基地等活动，深入了解创新创业的流程和方法，并通过实践锻炼创新创业能力。

西北工业大学还推出了"众创空间"项目，鼓励学生自主创新和创业。该项目提供办公场地、资金支持、导师指导等资源，帮助学生实现创新创业梦想。

西北工业大学注重研究生创新创业教育，设立了研究生创新创业教育基地和研究生创新创业导师制度，为研究生提供创业孵化、创新实践等支持。

2016年在第二届中国"互联网＋"大学生创新创业大赛上，西工大获得"一冠两金"，其中"翱翔系列微小卫星"从全国11万多个项目中脱颖而出，夺得全国总冠军（见图3.4）。2021年在第七届中国国际"互联网＋"大学生创新创业大赛上，西工大再获2个金奖，分别为"游方科技——智能通航发动机总成系统"项目和"机器听觉——智能空气声呐系统"项目。

图3.4 世界首颗12U立方星研制团队在实验室内工作

西北工业大学在创新创业教育、实践教育等方面积极探索,为学生全面发展和创新创业能力的培养作出了积极贡献。

思考题

1. 学习管理系统的优缺点是什么?它如何提升教育效果和学习体验?
2. 大规模开放在线课程平台在在线教育中的优缺点是什么?它对教育资源共享和学习模式有何影响?
3. 移动学习应用程序的优缺点是什么?它如何满足学习者对便捷性和灵活性的需求?
4. 协作工具在在线教育中的作用是什么?它如何促进学习者之间的互动和合作?
5. 创新教育技术如虚拟现实、增强现实等的优势和挑战是什么?

课程论文研究方向

1. 学习管理系统在在线教育中的设计与应用研究。
2. 大规模开放在线课程平台的挑战与发展前景分析。
3. 移动学习应用程序的用户体验研究与设计探索。
4. 协作工具在在线教育中的效果评估与创新实践。
5. 创新教育技术在在线教育中的应用与影响研究。

第4章　在线教学设计与教学方法

在这一章中,我们将讨论在线教学设计和教学方法。首先,我们将详细介绍在线教学设计的各个环节,包括学习目标确定、课程内容组织、教学资源选取、学习评估设计以及在线互动安排。这些环节共同构成了在线教学设计的完整过程,可以帮助教师有效地组织和进行在线教学。

其次,我们将探讨在线教学中常用的教学方法,包括基于任务的学习、协作学习、自主学习和个性化学习等。这些教学方法在在线教学环境中有各自的特点和适用场景,理解它们的理论基础和实际应用,可以帮助教师根据学生的需求和教学目标选择合适的教学方法。

最后,我们将深入探讨疫情期间在线教学的案例,以及不同专业群的在线教学案例,包括计算机专业群、机械类专业群、财务类专业群、管理类专业群、土木建筑类专业群、电气电子信息类专业群、教育类专业群以及大学基础课等。这些案例涵盖了广泛的教学领域和课程类型,可以为读者提供丰富的教学设计和教学方法的参考。

本章旨在帮助读者理解和掌握在线教学设计和教学方法的理论和实践,以期提升在线教学的效果。

4.1　在线教学设计

4.1.1　学习目标

在线教学设计应该以学习目标为基础,明确学生需要掌握的知识、技能和能力。学习目标应该具体、可衡量、与课程内容紧密相关。学习目标制定有助于教师设计教学活动,评估学生的学习成果。

4.1.2 课程内容

在线教学的课程内容应该紧密围绕学习目标展开,符合学生的年龄、水平和兴趣。教师应该设计具有挑战性的课程内容,鼓励学生思考和创造。课程内容呈现应该简洁明了、易于理解,同时需要充分考虑学生的感受和反馈。

4.1.3 教学资源

在线教学的教学资源包括课程资料、教学视频、教学PPT、练习题、作业等。教师应该选择适合学生的教学资源,保证资源的质量和有效性。教学资源呈现方式应该多样化,以满足不同学生的学习需求。

4.1.4 学习评估

在线教学的学习评估应该针对学习目标进行,采用多种评估方式,包括测验、作业、实验、项目等。教师应该及时对学生的学习成果进行反馈和评估,以便于调整教学策略和提高学生的学习效果。

4.1.5 在线互动

在线教学互动是教学设计的重要组成部分,它能够促进学生参与教学过程和提升学习效果。在线互动方式包括讨论、问题解答、小组活动等。教师应该设计有效的在线互动方式,引导学生主动参与教学过程,建立良好的师生互动关系。

4.2 在线教学方法

4.2.1 基于任务的学习

基于任务的学习是一种重视学生实践能力的教学方法,它强调学生通过完成任务来掌握知识和技能。在线教学中,教师可以通过设计各种任务,如文献阅读、案例分析、实验模拟等,来引导学生学习和思考。同时,教师还应该提供必要的支持和反馈,帮助学生克服困难和提高学习效果。

4.2.2　协作学习

协作学习是一种通过合作完成任务和解决问题的学习方法,它能够促进学生交流和提高合作能力。在线教学中,教师可以通过设计小组活动、项目实践等方式来促进学生协作学习。教师还可以利用在线工具,如论坛、协作编辑工具等,促进学生之间的交流和合作。

4.2.3　自主学习

自主学习是一种鼓励学生主动探索和学习的教学方法,它强调学生的学习主动性和自主性。在线教学中,教师可以通过设计自主学习任务、提供学习资源等方式来鼓励学生主动学习。同时,教师还应该提供必要的指导和反馈,帮助学生克服困难和增强学习效果。

4.2.4　个性化学习

个性化学习是一种根据学生的学习需求和兴趣,提供个性化的学习资源和学习路径的教学方法。在线教学中,教师可以通过分层教学、自适应学习平台等方式来实现学生个性化学习。同时,教师还应该及时收集学生的学习数据和反馈,为个性化学习提供支持和反馈。

在线教学设计和教学方法应该根据学生的需求和特点,结合教学目标和课程内容,采用多种教学方法和工具,增强学生的学习效果和教师的教学效果。

4.3　在线教学案例

4.3.1　上海交大"计算机科学导论"在线教学互动环节案例

与面对面上课不同,线上教学的难点之一就是如何实现教学互动,上海交通大学电子信息与电气工程学院高晓沨教授对此做了一个很好的示范。高晓沨老师的"计算机科学导论"课程的教学设计十分精细、完整,该课程采用了多样化的教学手段和精细化的课程设计,充分体现了以学生为中心的教学理念,展示老师如何作为学生思维的导航员引导学生由浅入深,以及如何激发学生的思维,让学生在参与过程和互动过程中学习。

1. 关注基于教学规律的线上教学互动

高晓沨老师的教学设计体现了研究导向,关注基于教学规律的线上教学互动研究,对互动类型、学生类型进行了深刻分析,建立在线教学互动框架(见图 4.1),这有益于之后的教学设计深化。尤其是根据不同年级学生的特点总结出的不同的互动方式,很有启发性(见图 4.2)。

图 4.1 在线教学互动框架

图 4.2 根据不同年级设计互动形式

2. 课堂教学方式多样化，每个环节都融入适切的教学互动

课堂教学有许许多多的方式，好的教学在形式上不是单一的。"计算机科学导论"综合运用了多种教学方式，比如启发式、研讨式、项目式、互动式以及游戏教学等，每个环节都融入适切的教学互动（见图 4.3）。

图 4.3　多样化互动融入在线教学

3. 互动建立在对学生的深入了解之上

此门课程处处体现以学生为中心，比如在开课前开展对学生的调查，涉及学生的学科、背景知识、学生认为的重要性排序和学生想要学到什么等，根据学生的特点和需求设计教学大纲，处处体现教学互动，教学过程即互动过程（见图 4.4）。

图 4.4　以学生为中心的线上教学互动设计

除此之外,互动环节的每一个步骤也体现着以学生为中心的理念,比如为什么三人一组和展示为 15 分钟的考虑、选题如何分配、报告后收尾工作、投票方式与匿名反馈、奖项设置等,这些都是根据实践中的教学效果和学生反馈,不断分析完善得出的(见图 4.5、图 4.6)。以明确而详细的说明、清晰又有趣的流程、与时俱进的内容和有挑战性的分级设定,最大限度地提高互动的效果。

图 4.5　小组项目设计理念

图 4.6　学生激励性竞拍规则的设计

4. 基于互动的教学设计源于以学生为中心的理念

从整体上看,此课程的教学设计结构完整并且十分精细,课上每一个环节、每一个决定都不是拍脑袋决定,处处体现着以学生为中心(见图 4.7)。每次 90 分钟的课被划分为四个

图 4.7　小组报告指南的设计和发布

部分,第一个 45 分钟由老师讲解核心知识,第二个 45 分钟分为三部分,两个小组各 15 分钟的小组报告和最后 15 分钟的点评和讨论。

教学设计精细化体现在方方面面,不能完全介绍详尽,在此仅指出几个小例子:

(1)在设计课程大纲之前,进行了充分的学生调查,以了解学生知识储备和学习需求;

(2)在小组报告环节,通过多年的实践和总结,逐渐找出最能调动学生参与的形式;

(3)精细设计的课程网站进一步辅助了课程取得成功。"计算机科学导论"课程有一个单独的教学网站,设计十分精细,包括课程时间安排、学生花名册与学生自我介绍、大纲进度、上传提交作业、互评与匿名评价等功能。此外,还有"光荣榜"功能(见图 4.8),学生在课程学习中的优秀表现,比如指出老师 ppt 的错误、课上主动回答问题、分享笔记、作业认真等,都可以登上光荣榜。

图 4.8　线上光荣榜

4.3.2 "电子商务概论"在线教学案例

1. 在线教学设计

教师明确了以下学习目标。

理解电子商务的概念、原理和应用。
掌握电子商务平台构建和管理。
学习电子商务在不同行业中的应用。
培养电子商务的思维和能力。

教师根据学习目标,设计了以下课程内容。

电子商务概述:介绍电子商务的概念、历史和现状。
电子商务平台构建:介绍电子商务平台的组成、技术和管理。
电子商务应用:介绍电子商务在不同行业中的应用,如零售、金融、医疗等。
电子商务思维和能力培养:通过案例分析、小组讨论等方式培养学生的电子商务思维和能力。

教师准备了以下教学资源。

课程 PPT:通过 PPT 介绍课程内容,配合图表、案例等,使学生更加清晰地理解课程内容。
电子商务平台实例:通过提供真实的电子商务平台,让学生亲自体验和操作,加深对平台构建和管理的理解。
学习资料:通过提供电子商务方面的学术论文、书籍等资料,帮助学生深入学习和研究。

教师采用以下评估方式。

课堂测验:通过对课程内容进行测验,检测学生对知识的掌握情况。
作业:通过布置论文、小组项目等作业,检测学生对知识的理解和应用能力。
个人总结:在学期末,要求学生撰写个人总结,总结学习成果和经验,并提出自己的思考和建议。

教师采用以下在线互动方式。

论坛:通过利用在线论坛,让学生进行课程相关的讨论、提问和答疑。
课堂讨论:通过采取在线视频会议等方式,组织学生进行课堂讨论,促进学生交流和互动。

小组项目:通过小组合作完成项目,促进学生之间的交流和合作,提高学生的团队合作能力。

2. 在线教学方法

在在线教学中,教师采用了以下教学方法。

基于任务的学习:通过让学生完成实际的电子商务平台构建和管理任务,引导学生深入理解电子商务的原理和应用。

协作学习:通过小组合作完成项目,促进学生之间的交流和合作,提高学生的团队合作能力。

自主学习:通过提供学习资料和电子商务平台实例,鼓励学生主动学习和探索。

个性化学习:通过提供学术论文、书籍等资料,让学生根据自己的兴趣和需求选择学习内容,实现个性化学习。

"电子商务概论"课程通过在线教学设计和教学方法,成功地实现了教学目标,促进了学生学习和成长。

4.3.3 某中学的在线教学案例

1. 在线教学设计

该案例的课程是高二数学课程,教师明确了以下学习目标。

掌握高中数学基本概念和方法。
熟悉常见数学题型,掌握解题技巧。
培养数学思维和解决问题的能力。
准备高考,提高数学成绩。

教师根据学习目标,设计了以下课程内容。

数列和数列极限:介绍数列的概念、性质和极限的定义和性质。
函数及其应用:介绍函数的定义、性质和应用,如函数图像、导数、极值、曲线绘制等。
三角函数及其应用:介绍三角函数的定义、性质和应用,如角度制、弧度制、正弦定理、余弦定理、三角函数图像等。
概率统计:介绍概率统计的基本概念和方法,如事件、概率、期望、方差、正态分布等。

教师准备了以下教学资源。

课程PPT：通过PPT介绍课程内容，配合图表、例题等，使学生更加清晰地理解课程内容。

教学视频：通过录制教学视频，让学生可以自由选择时间和地点进行学习。

作业：通过布置数学题目作业，检测学生对知识的掌握情况，同时提供解题思路和方法。

教师采用以下评估方式。

课堂测验：通过对课程内容进行测验，检测学生对知识的掌握情况。

作业：通过布置数学题目作业，检测学生对知识的理解和应用能力。

月考：每月进行一次数学考试，检测学生的学习成果和掌握情况。

教师采用以下在线互动方式。

讨论区：通过利用在线讨论区，让学生进行课程相关的讨论、提问和答疑。

教学群：通过利用在线教学群，让学生可以随时向教师提问和交流。

一对一辅导：根据学生的需求，提供一对一的在线辅导服务，帮助学生解决问题和提高成绩。

2. 在线教学方法

在在线教学中，教师采用了以下教学方法。

案例教学：通过提供大量的例题和练习题，帮助学生深入理解数学概念和方法，掌握解题技巧。

互动教学：通过采取讨论区、教学群、一对一辅导等方式，促进学生与教师之间的交流和互动，及时解决学生的疑惑和问题。

实践教学：通过实际应用和计算实验等方式，帮助学生将数学理论应用于解决实际问题中，提高学生利用数学解决问题的能力。

个性化学习：通过提供不同难度、类型的数学题目，让学生根据自己的兴趣和需求选择学习内容，实现个性化学习。

该中学的高二数学课程通过在线教学设计和教学方法，成功地实现了教学目标，提高了学生的学习效果和兴趣，为学生的高考打下了坚实的基础。

4.3.4　某幼儿园的在线教学案例

1. 在线教学设计

该案例的课程是学前教育，教师明确了以下学习目标。

帮助幼儿建立健康的人格,培养良好的行为习惯。

培养幼儿的语言、认知、社交等能力。

开发幼儿的创造力和想象力。

提高幼儿对生活和自然的兴趣和认识。

教师根据学习目标,设计了以下课程内容。

语言教育:通过教唱儿歌、讲故事等方式,帮助幼儿学习汉语拼音和表达能力。

认知教育:通过学习数学、科学、美术等方式,帮助幼儿认知数字、形状、颜色、自然等。

社交教育:通过游戏、小组活动等方式,帮助幼儿学会与他人交往、分享、合作等社交技能。

创意教育:通过采取手工、音乐、舞蹈等方式,帮助幼儿发挥自己的创造力和想象力。

教师准备了以下教学资源。

教学视频:通过录制教学视频,让幼儿可以自由选择时间和地点进行学习。

教学PPT:通过PPT介绍课程内容,配合图表、音频等,使幼儿更加清晰地理解课程内容。

游戏和实物:通过提供游戏和实物,让幼儿可以亲身体验和操作,加深对知识的理解和记忆。

教师采用以下评估方式。

课堂测验:通过对课程内容进行测验,检测幼儿对知识的掌握情况。

作业:通过布置画画、手工制作等作业,检测幼儿对知识的理解和应用能力。

教师采用以下在线互动方式。

家长交流:通过利用在线教育平台或社交媒体,与家长交流幼儿的学习情况和进展。

互动游戏:通过在线游戏和活动,促进幼儿之间的交流和互动,提高幼儿的社交能力和创意思维能力。

2. 在线教学方法

在在线教学中,教师采用了以下教学方法。

游戏化教学:通过游戏等方式,让幼儿在游戏中学习,增强幼儿的兴趣和提高参与度,提升学习效果。

视觉化教学:通过提供教学视频和教学PPT等,让幼儿通过视觉方式学习,提高幼儿的记忆能力和理解能力。

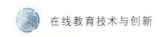

家园共育：通过与家长交流，让家长更好地了解幼儿的学习情况和进展，提供更好的家庭学习环境和支持。

个性化学习：通过提供不同类型和难度的学习内容，让幼儿根据自己的兴趣和需求选择学习内容，实现个性化学习。

该幼儿园的在线教学通过设计和教学方法，成功地实现了学前教育的目标，增强了幼儿的兴趣和提高参与度，为幼儿成长和发展打下了坚实的基础。

4.4 计算机专业群的在线教学案例

4.4.1 计算机科学与技术专业的在线教学案例

1. "数据结构与算法"课程设计核心点

代码实践：该课程专注于数据结构和算法实际应用，学生会通过完成大量的编程任务来增强他们的技术能力。该课程提供详尽的代码示例，同时鼓励学生尝试自己的解决方案。

算法可视化：算法可视化是一个强大的教学工具，可以帮助学生理解算法的工作原理。课程将提供一系列的可视化材料，如动画、图形等，来解释复杂的数据结构和算法。

在线编程挑战：该课程将提供一系列的在线编程挑战，旨在让学生在解决实际问题的过程中提高他们的编程技巧和问题解决能力。学生可以在完成这些挑战后获取即时反馈，以了解他们的进步和需要改进的地方。

面试准备：数据结构与算法是技术面试中最常见的题目，该课程将提供专门的面试准备模块，包括常见面试问题的解析、有效的面试策略以及如何展示自己的技术能力。

算法竞赛介绍：该课程还将介绍如何参与并准备各种算法竞赛，如 ACM ICPC、Google Code Jam 等。这将是学生展示和提高他们算法技能的好机会。

2. 在线教学方法

理论教学：通过提供教学视频和课件资料等方式，让学生掌握基本原理和应用。

实践教学：通过利用在线平台，让学生进行编程实践，加深对算法的理解和掌握。同时，教师提供在线编程指导和反馈，帮助学生解决实践中遇到的问题和困难。

互动教学:通过采取讨论区、教学群、在线答疑等方式,促进学生与教师之间的交流和互动,及时解决学生的疑惑和问题,提高学习效果。

个性化学习:通过提供不同难度、类型的编程作业和算法题目,让学生根据自己的兴趣和需求选择学习内容,实现个性化学习。

4.4.2 软件工程(技术)专业的在线教学案例

1."软件测试"课程设计核心点

测试类型与方法:该课程将详细介绍各种测试类型(如单元测试、集成测试、系统测试、性能测试等)和测试方法(如黑盒测试、白盒测试、灰盒测试等),每种类型和方法都会配有实例和实践活动。

自动化测试工具:该课程将介绍流行的自动化测试工具(如 Selenium、JUnit、Postman 等)使用,学生将有机会进行实操练习。

测试驱动开发:该课程将讲解测试驱动开发(TDD)的原理和实践,帮助学生理解测试在软件开发过程中的重要性。

缺陷管理:该课程将详细介绍缺陷的生命周期以及如何使用缺陷管理工具(如 Bugzilla、Jira 等)进行缺陷跟踪和管理。

软件质量保证:该课程将强调软件测试在软件质量保证中的作用,让学生了解如何通过有效的测试来提高软件质量。

实际项目测试:该课程将提供一系列的实际项目,让学生在真实环境中进行软件测试,学习如何在项目中应用所学知识。

2. 在线教学方法

理论教学:通过提供教学视频和课件资料等方式,让学生通过理论方式学习软件测试的基本原理和方法,掌握常见的软件测试技术和工具。

实践教学:通过利用在线平台,让学生进行编程实践,加深对软件测试的理解和掌握。同时,教师提供在线编程指导和反馈,帮助学生解决实践中遇到的问题和困难。

互动教学:通过采取讨论区、教学群、在线答疑等方式,促进学生与教师之间的交流和互动,及时解决学生的疑惑和问题,提升学习效果。

案例教学:通过提供真实案例和实践环节,让学生深入了解软件测试应用和实际场景。

4.4.3 计算机网络技术专业的在线教学案例

1. "计算机网络技术"课程设计核心点

该课程旨在让学生通过在线学习了解计算机网络技术的基本理论和方法,掌握计算机网络的基本技能和方法,提高学生的设计和实践能力。

该课程包括以下内容。

计算机网络基础知识:介绍计算机网络的基本概念、技术、标准和规范等方面的知识。

计算机网络设计实践:通过实例演练,让学生掌握计算机网络设计的方法和实践技能,如网络拓扑结构设计、网络安全和网络优化等。

计算机网络管理:介绍计算机网络管理的基本原则和方法,如网络性能监测和故障排除、网络安全管理和网络资源管理等。

教师准备了以下教学资源。

教学视频:通过录制教学视频,让学生可以自由选择时间和地点进行学习。

课件资料:通过提供课件资料,让学生更好地理解课程内容,同时提供案例和实践环节。

计算机网络软件教程:通过提供计算机网络软件教程,让学生能够学习和掌握计算机网络软件的基本操作和应用。

教师采用以下评估方式。

课堂测验:通过对课程内容进行测验,检测学生对知识的掌握情况。

实践作业:通过布置实践作业,检测学生的设计和实践能力。

期末作品:每学期进行一次期末作品评估,检测学生的学习成果和掌握情况。

教师采用以下在线互动方式。

讨论区:通过利用在线讨论区,让学生进行课程相关的讨论、提问和答疑。

教学群:通过利用在线教学群,让学生可以随时向教师提问和交流。

在线答疑:教师提供在线答疑服务,帮助学生解决问题和提高成绩。

2. 在线教学方法

在计算机网络技术专业的在线教学中,教师采用了以下教学方法。

理论教学:通过提供教学视频和课件资料等方式,让学生通过理论方式学习计算机网络技术的基本概念和知识,掌握计算机网络的标准和规范。

实践教学：通过提供实例和实践环节，让学生深入了解计算机网络技术的实际应用和解决问题的方法，培养设计和实践能力和思维。

在线讨论和交流：通过采取讨论区、教学群、在线答疑等方式，促进学生与教师之间的交流和互动，及时解决学生的疑惑和问题，提升学习效果。

设计软件实践：通过提供计算机网络软件教程和实践环节，让学生能够学习和掌握计算机网络软件的基本操作和应用，进一步提高学生的设计和实践能力。

独立学习和自我评估：通过实践作业、课堂测验、期末作品评估等方式，促进学生进行独立学习和自我评估，提升学习效果和成果。

4.4.4　大数据技术专业的在线教学案例

1."大数据分析与挖掘"课程设计核心点

大数据工具和平台：该课程将介绍常见的大数据处理工具和平台（如 Hadoop、Spark、Hive、Pig 等），并提供实操指南。

数据预处理：该课程将讲解数据预处理的技术和方法，如数据清洗、数据转换、数据集成等。

数据挖掘算法：该课程将详细介绍各种数据挖掘算法（如分类、聚类、关联规则等），每个算法都会配有详细的理论讲解和实例分析。

大数据可视化：该课程将强调数据可视化在大数据分析中的重要性，提供常见的数据可视化工具（如 Tableau、PowerBI 等）讲解和实操。

实际案例分析：该课程将基于真实世界的大数据案例进行教学，让学生了解大数据在实际业务中的应用。

实战项目：该课程将提供一系列的实战项目，让学生在真实环境中进行大数据分析和挖掘，学习如何在项目中应用所学知识。

2. 在线教学方法

在在线教学中，教师采用了以下教学方法。

理论教学：通过提供教学视频和课件资料等方式，让学生通过理论方式学习大数据分析与挖掘的基本理论和方法，掌握数据采集、存储、处理和分析等方面的知识，理解大数据技术的各个方面和变化。

实践教学：通过提供案例和实践环节，让学生深入了解大数据分析与挖掘的应用和实际场景，培养数据分析和处理的能力和思维。

在线讨论和交流：通过采取讨论区、教学群、在线答疑等方式，促进学生与教师之间的交流和互动，及时解决学生的疑惑和问题，提升学习效果。

独立学习和自我评估:通过实践作业、课堂测验、期末作品评估等方式,促进学生独立学习和自我评估,提升学习效果和成果。

4.4.5　动漫制作技术专业的在线教学案例

1."三维动画制作与技术"课程设计核心点

三维建模:该课程将详细讲解三维建模的基本技巧,包括使用流行的3D建模软件(如Blender、Maya等)来创建复杂的三维物体。

动画制作:该课程将教授学生如何创建和修改三维动画,包括关键帧动画、骨骼动画、物理动画等。

材质与光照:该课程将详细介绍三维模型的材质和光照技术,包括纹理映射、材质类型、全局光照等。

渲染技术:该课程将介绍三维动画的渲染技术,包括光线追踪、渲染方程、渲染优化等。

实战项目:该课程将提供一系列的实战项目,让学生在真实环境中制作自己的三维动画,从而巩固和应用所学知识。

行业应用:该课程将介绍三维动画在各种行业(如电影、游戏、广告等)中的应用,并分析一些成功的案例。

2.在线教学方法

在在线教学中,教师采用了以下教学方法,其概念图见图4.9。

图4.9　动漫制作在线教育

理论教学：通过提供教学视频和课件资料等方式，让学生通过理论方式学习三维动画制作与技术的基本理论和方法，并扩展到动漫故事构思、分镜脚本、动画制作、音效配乐和后期制作等方面的知识。

实践教学：通过提供案例和实践环节，让学生深入了解三维动画制作与技术制作的应用和实际场景，培养动画和动漫制作及解决实际问题的能力和思维。

在线讨论和交流：通过采取讨论区、教学群、在线答疑等方式，促进学生与教师之间的交流和互动，及时解决学生的疑惑和问题，提升学习效果。

独立学习和自我评估：通过实践作业、课堂测验、期末作品评估等方式，促进学生独立学习和自我评估，提升学习效果和成果。

4.4.6　数字媒体艺术设计专业的在线教学案例

1."数字媒体艺术设计"课程设计核心点

该课程旨在让学生通过在线学习了解数字媒体艺术设计的基本理论和方法，掌握数字媒体艺术设计的基本技能和方法，提高学生的设计和实践能力。该课程包括以下内容。

平面设计：介绍平面设计的基本原理和方法，包括色彩理论、图形设计、排版和版式设计等。

三维设计：介绍三维设计的基本原理和方法，包括建模、动画、特效和渲染等。

UI设计：介绍UI设计的基本原理和方法，包括界面设计、交互设计和用户体验设计等。

动画设计：介绍动画设计的基本原理和方法，包括角色设计、场景设计、动作设计和动画制作等。

游戏设计：介绍游戏设计的基本原理和方法，包括游戏策划、游戏美术设计和游戏程序设计等。

教师准备以下教学资源。

教学视频：通过录制教学视频，让学生可以自由选择时间和地点进行学习。

课件资料：通过提供课件资料，让学生更好地理解课程内容，同时提供案例和实践环节。

在线平台：通过利用在线平台，让学生可以进行数字媒体艺术设计的实践和在线交流。

教师采用以下评估方式。

课堂测验：通过对课程内容进行测验，检测学生对知识的掌握情况。

实践作业：通过布置实践作业，检测学生的设计和实践能力。

期末作品:每学期进行一次期末作品评估,检测学生的学习成果和掌握情况。

教师采用以下在线互动方式。

讨论区:通过利用在线讨论区,让学生进行课程相关的讨论、提问和答疑。
教学群:通过利用在线教学群,让学生可以随时向教师提问和交流。
在线答疑:教师提供在线答疑服务,帮助学生解决问题和提高成绩。

2. 在线教学方法

在在线教学中,教师采用了以下教学方法,其概念图见图4.10。

图4.10 数字媒体艺术设计在线教育

理论教学:通过提供教学视频和课件资料等方式,让学生通过理论方式学习数字媒体艺术设计的基本理论和方法,掌握平面设计、三维设计、UI设计、动画设计和游戏设计等方面的知识,理解数字媒体艺术设计的各个方面和变化。

实践教学:通过提供案例和实践环节,让学生深入了解数字媒体艺术设计的应用和实际场景,培养设计和解决实际问题的能力和思维。

在线讨论和交流:通过采取讨论区、教学群、在线答疑等方式,促进学生与教师之间的交流和互动,及时解决学生的疑惑和问题,增强学习效果。

独立学习和自我评估:通过实践作业、课堂测验、期末作品评估等方式,促进学生进行独立学习和自我评估,提升学习效果和成果。

4.4.7　数字媒体技术专业的在线教学案例

1. "数字媒体设计实践"课程设计核心点

该课程旨在让学生通过在线学习了解数字媒体技术的基本理论和方法,掌握数字媒体技术的基本技能和方法,提高学生的设计和实践能力。该课程包括以下内容。

数字媒体基础知识:介绍数字媒体的基本概念、技术、标准和规范等方面的知识。

数字媒体设计实践:通过实例演练,让学生掌握数字媒体设计的方法和实践技能,如数字图像处理、音视频处理、游戏开发和虚拟现实等。

数字媒体软件应用:介绍数字媒体软件的基本操作和应用,如 Photoshop、Premiere、Maya 和 Unity 等。

数字媒体管理:介绍数字媒体管理的基本原则和方法,如数字媒体项目管理、数字媒体版权管理和数字媒体市场营销等。

教师准备以下教学资源。

教学视频:通过提供录制教学视频,让学生可以自由选择时间和地点进行学习。

课件资料:通过提供课件资料,让学生更好地理解课程内容,同时提供案例和实践环节。

数字媒体软件教程:通过提供数字媒体软件教程,让学生能够学习和掌握数字媒体软件的基本操作和应用。

教师采用以下评估方式。

课堂测验:通过对课程内容进行测验,检测学生对知识的掌握情况。

实践作业:通过布置实践作业,检测学生的设计和实践能力。

期末作品:每学期进行一次期末作品评估,检测学生的学习成果和掌握情况。

教师采用以下在线互动方式。

讨论区:通过利用在线讨论区,让学生进行课程相关的讨论、提问和答疑。

教学群:通过利用在线教学群,让学生可以随时向教师提问和交流。

在线答疑:教师提供在线答疑服务,帮助学生解决问题和提高成绩。

2. 在线教学方法

在数字媒体技术专业的在线教学中,教师采用了以下教学方法,其概念图如图 4.11 所示。

理论教学:通过提供教学视频和课件资料等方式,让学生通过理论方式学习数字媒体技术的基本理论和方法,掌握数字媒体的基本概念和标准。

实践教学:通过提供案例和实践环节,让学生深入了解数字媒体技术的实际应用和解决问题的方法,培养设计和实践能力和思维。

在线讨论和交流:通过采取讨论区、教学群、在线答疑等方式,促进学生与教师之间的交流和互动,及时解决学生的疑惑和问题,提高学习效果。

设计软件实践:通过提供数字媒体软件教程和实践环节,让学生能够学习和掌握数

图 4.11　数字媒体设计实践在线教育

字媒体软件的基本操作和应用,进一步提高学生的设计和实践能力。

独立学习和自我评估:通过实践作业、课堂测验、期末作品评估等方式,促进学生独立学习和自我评估,提高学习效果和成果。

4.5　机械类专业群的在线教学案例

4.5.1　机械制造与自动化专业的在线教育案例

1. "机械制图"课程设计核心点

制图基础:该课程将详细介绍制图的基础知识,如图纸类型、制图符号、尺寸标注等。

二维制图:该课程将教授学生如何进行二维制图,包括投影法、断面视图、剖视图等。

三维制图:该课程将介绍三维制图的基本技术,如实体建模、参数设计、装配图等。

CAD软件应用:该课程将讲解如何使用CAD软件(如AutoCAD、SolidWorks等)进行机械制图。

实战项目:该课程将提供一系列的实战项目,让学生在真实环境中进行机械制图设计。

行业应用:该课程将介绍机械制图在机械设计、制造、检测等各种领域的应用,并分享一些成功的案例。

2. 在线教学方法

在在线教学中,教师采用以下教学方法,其概念图如图 4.12 所示。

图 4.12　机械制图在线教育

理论教学:通过提供教学视频和课件资料等方式,让学生通过理论方式学习机械制图的基本知识和技能,熟悉机械制图软件的操作和应用。

实践教学:通过利用在线平台,让学生进行机械制图实践,加深对机械制图的理解和掌握。同时,教师提供在线制图指导和反馈,帮助学生解决实践中遇到的问题和困难。

互动教学:通过采取讨论区、教学群、在线答疑等方式,促进学生与教师之间的交流和互动,及时解决学生的疑惑和问题,提升学习效果。

案例教学:通过提供真实案例和实践环节,让学生深入了解机械制图的应用和实际场景,培养解决实际问题的能力和思维。

4.5.2　机电一体化专业的在线教学案例

1. "机电一体化"课程设计核心点

该课程旨在让学生通过在线学习了解机电一体化的基本理论和方法,掌握机电一体化的基本技能和方法,提高学生的设计和实践能力。该课程包括以下内容。

机电一体化技术:介绍机电一体化技术的基本概念、技术、标准和规范等方面的知识。

机械设计:通过实例演练,让学生掌握机械设计的方法和实践技能,如机械加工、机械制造、机械原理等。

电气控制：介绍电气控制的基本原理和方法，如电气设计、电气控制、PLC控制等。

教师准备以下教学资源。

教学视频：通过录制教学视频，让学生可以自由选择时间和地点进行学习。

课件资料：通过提供课件资料，让学生更好地理解课程内容，同时提供案例和实践环节。

机械设计软件教程：通过提供建筑机械设计软件教程，让学生能够学习和掌握机械设计软件的基本操作和应用。

教师采用以下评估方式。

课堂测验：通过对课程内容进行测验，检测学生对知识的掌握情况。

实践作业：通过布置实践作业，检测学生的设计和实践能力。

期末作品：每学期进行一次期末作品评估，检测学生的学习成果和掌握情况。

教师采用以下在线互动方式。

讨论区：通过利用在线讨论区，让学生进行课程相关的讨论、提问和答疑。

教学群：通过利用在线教学群，让学生可以随时向教师提问和交流。

在线答疑：教师提供在线答疑服务，帮助学生解决问题和提高成绩。

2. 在线教学方法

在机电一体化专业的在线教学中，教师采用了以下教学方法。

理论教学：通过提供教学视频和课件资料等方式，让学生掌握机电一体化技术的基本理论和方法，提高学生的知识储备和理论基础。

实践教学：通过案例分析和实践作业，让学生深入了解机电一体化的实际应用和解决问题的方法，培养设计和实践能力以及拓展思维。

设计软件实践：通过提供机械设计软件教程和实践环节，让学生能够学习和掌握机械设计软件的基本操作和应用，进一步提高学生的设计和实践能力。

在线讨论和交流：通过采取讨论区、教学群、在线答疑等方式，促进学生与教师之间的交流和互动，及时解决学生的疑惑和问题，提升学习效果。

独立学习和自我评估：通过实践作业、课堂测验、期末作品评估等方式，促进学生独立学习和自我评估，提升学习效果和成果。

4.5.3 智能制造工程专业的在线教学案例

1."智能制造"课程设计核心点

智能制造基础：将详细介绍智能制造的基础知识，包括工业互联网、云制造、大数据、人工智能等。

智能工厂设计：将教授学生如何设计智能工厂，包括智能设备、自动化流水线、物联网、智能管理系统等。

智能制造技术：将介绍各种智能制造技术，如智能制造装备、工业机器人、数字孪生等。

智能制造标准和法规：将讲解智能制造相关的国内外标准和法规，如工业4.0、中国制造2025等。

实战项目：将提供一系列的实战项目，让学生在真实环境中实现智能制造设计和实施。

行业应用：将介绍智能制造在各种行业（如汽车、电子、航空等）中的应用，并分享一些成功的案例。

2. 在线教学方法

教师准备以下教学资源。

教学视频：通过录制教学视频，让学生可以自由选择时间和地点进行学习。

课件资料：通过提供课件资料，让学生更好地理解课程内容，同时提供案例和实践环节。

人工智能编程教程：通过提供编程教程，让学生能够学习和掌握人工智能的基本操作和应用。

教师采用以下评估方式。

课堂测验：通过对课程内容进行测验，检测学生对知识的掌握情况。

实践作业：通过布置实践作业，检测学生的设计和实践能力。

期末作品：每学期进行一次期末作品评估，检测学生的学习成果和掌握情况。

教师采用以下在线互动方式，其概念图如图4.13所示。

讨论区：通过利用在线讨论区，让学生进行课程相关的讨论、提问和答疑。

教学群：通过利用在线教学群，让学生可以随时向教师提问和交流。

在线答疑：教师提供在线答疑服务，帮助学生解决问题和提高成绩。

4.5.4　工业机器人专业的在线教学案例

1. "机器人技术与应用"课程设计核心点

机器人基础：将详细介绍机器人的基础知识，包括机器人的分类、机器人的结构、机器人的工作原理等。

图 4.13　智能制造工程在线教育

机器人编程：将教授学生如何进行机器人编程，包括机器人操作系统、机器人语言、机器人控制等。

机器人视觉：将介绍机器人视觉技术，包括图像处理、物体识别、三维重建等，并介绍如何在机器人上实现这些技术。

机器人导航：将讲解机器人导航的基本理论和技术，如定位、建图、路径规划等。

实战项目：将提供一系列的实战项目，让学生在真实环境中设计和实现自己的机器人系统。

行业应用：将介绍机器人技术在各种行业（如工业、服务、医疗、娱乐等）中的应用，并分享一些成功的案例。

2. 在线教学方法

在在线教学中，教师采用了以下教学方法，其概念图如图 4.14 所示。

理论教学：通过提供教学视频和课件资料等方式，让学生通过理论方式学习机器人的基本理论和方法，掌握机器人动力学与控制、机器视觉与感知、机器人编程与调试等方面的知识，理解机器人的各个方面和变化。

实践教学：通过提供案例和实践环节，让学生深入了解机器人和工业机器人的应用和实际场景，培养设计和实践的能力和思维。通过在线平台，让学生进行机器人编程和调试实践，加深学生对理论知识的理解。

在线讨论和交流：通过采取讨论区、教学群、在线答疑等方式，促进学生与教师之间的交流和互动，及时解决学生的疑惑和问题，提高学习效果。

图 4.14　工业机器人专业在线教育

独立学习和自我评估：通过实践作业、课堂测验、期末作品评估等方式，促进学生独立学习和自我评估，提升学习效果和成果。

4.6　财务类专业群的在线教学案例

4.6.1　财务管理专业的在线教学案例

1. "财务会计"课程设计核心

教师根据学习目标，设计以下课程内容。

财务会计基础：介绍财务会计的概念、原则和核算方法等。
财务报表：介绍资产负债表、利润表、现金流量表等财务报表编制和分析方法。
财务分析：介绍财务比率分析、趋势分析、垂直分析、水平分析等财务分析方法。
财务管理：介绍财务预算、投资决策、融资决策、风险管理等财务管理和决策方法。

教师准备以下教学资源。

教学视频：通过录制教学视频，让学生可以自由选择时间和地点进行学习。
课件资料：通过提供课件资料，让学生更好地理解课程内容，同时提供案例和实践环节。
在线平台：通过利用在线平台，让学生可以进行财务报表实践和在线交流。

教师采用以下评估方式。

课堂测验：通过对课程内容进行测验，检测学生对知识的掌握情况。
分析作业：通过布置分析作业，检测学生的财务分析和判断能力。
期末考试：每学期进行一次考试，检测学生的学习成果和掌握情况。

教师采用以下在线互动方式。

讨论区：通过利用在线讨论区，让学生进行课程相关的讨论、提问和答疑。
教学群：通过利用在线教学群，让学生可以随时向教师提问和交流。
在线答疑：教师提供在线答疑服务，帮助学生解决问题和提高成绩。

2. 在线教学方法

在在线教学中，教师采用了以下教学方法。

理论教学：通过提供教学视频和课件资料等方式，让学生通过理论方式学习财务会计的基本原理和方法，掌握财务报表编制和分析方法，熟悉财务分析和管理的基本概念和方法。
案例教学：通过提供真实案例和实践环节，让学生深入了解财务管理的应用和实际场景，培养解决实际问题的能力和拓展思维。
在线讨论和交流：通过采取讨论区、教学群、在线答疑等方式，促进学生与教师之间的交流和互动，及时解决学生的疑惑和问题，提高学习效果。
独立学习和自我评估：通过课堂测验、分析作业和期末考试等方式，促进学生独立学习和自我评估，提升学习效果和成果。
财务分析与决策：介绍财务分析和决策的基本理论和方法，包括财务指标分析、投资决策、融资决策等。
企业成本管理：介绍企业成本管理的基本理论和方法，包括成本分类、成本核算和控制等。
会计信息安全与风险管理：介绍会计信息安全和风险管理的基本知识，包括信息安全管理、风险评估和应对措施等。

教师准备以下教学资源。

教学视频：通过录制教学视频，让学生可以自由选择时间和地点进行学习。
课件资料：通过提供课件资料，让学生更好地理解课程内容，同时提供案例和实践环节。
在线平台：通过利用在线平台，让学生可以进行会计信息管理实践和在线交流。

教师采用以下评估方式。

课堂测验：通过对课程内容进行测验，检测学生对知识的掌握情况。

实践作业:通过布置实践作业,检测学生的设计和实践能力。

期末作品:每学期进行一次期末作品评估,检测学生的学习成果和掌握情况。

教师采用以下在线互动方式。

讨论区:通过利用在线讨论区,让学生进行课程相关的讨论、提问和答疑。

教学群:通过利用在线教学群,让学生可以随时向教师提问和交流。

在线答疑:教师提供在线答疑服务,帮助学生解决问题和提高成绩。

4.6.2 大数据与会计专业的在线教学案例

1. "大数据与会计"课程设计核心点

该课程旨在让学生通过在线学习了解大数据与会计的基本理论和方法,掌握大数据与会计的基本技能和方法,提高学生的数据分析和决策能力。课程包括以下内容。

大数据概述:介绍大数据的基本概念、特点、挑战和机遇等方面的知识。

数据分析与挖掘:介绍数据分析和挖掘技术在会计领域中的应用,包括数据清洗、数据预处理、数据挖掘和建模等。

会计信息系统与大数据:介绍会计信息系统和大数据的结合,包括数据采集、数据处理和数据分析等方面的知识。

财务分析与决策:介绍财务分析和决策中的大数据应用,包括利润管理、成本控制和经营决策等。

大数据应用案例:通过实际案例,介绍大数据在会计和财务领域的应用。

教师准备以下教学资源。

教学视频:通过录制教学视频,让学生可以自由选择时间和地点进行学习。

课件资料:通过提供课件资料,让学生更好地理解课程内容,同时提供案例和实践环节。

数据库平台:通过提供数据库平台,让学生可以进行数据分析和挖掘实践和在线交流。

教师采用以下评估方式。

课堂测验:通过对课程内容进行测验,检测学生对知识的掌握情况。

实践作业:通过布置实践作业,检测学生的数据分析和决策能力。

期末作品:每学期进行一次期末作品评估,检测学生的学习成果和掌握情况。

教师采用以下在线互动方式。

讨论区:通过利用在线讨论区,让学生进行课程相关的讨论、提问和答疑。

教学群:通过利用在线教学群,让学生可以随时向教师提问和交流。

在线答疑:教师提供在线答疑服务,帮助学生解决问题和提高成绩。

2. 在线教学方法

在在线教学中,教师采用以下教学方法,其概念图如图4.15所示。

图 4.15　大数据与会计在线教育

理论教学:通过提供教学视频和课件资料等方式,让学习者通过理论方式学习大数据与会计的基本理论和方法,掌握数据分析与挖掘、会计信息系统与大数据、财务分析与决策等方面的知识,理解大数据在会计和财务领域中的应用。

实践教学:通过提供案例和实践环节,让学生深入了解大数据在会计和财务领域中的应用和实际场景,培养数据分析和决策的能力和思维。通过数据库平台,让学生进行数据分析和挖掘实践,加深对理论知识的理解。

在线讨论和交流:通过采取讨论区、教学群、在线答疑等方式,促进学生与教师之间的交流和互动,及时解决学生的疑惑和问题,提升学习效果。

独立学习和自我评估:通过实践作业、课堂测验、期末作品评估等方式,促进学生独立学习和自我评估,提升学习效果和成果。

4.6.3　工程造价专业的在线教学案例

1."工程造价"课程设计核心点

该课程旨在让学生通过在线学习了解工程造价的基本理论和方法,掌握工程造价的基本技能和方法,提高学生的计算和实践能力。课程包括以下内容。

工程造价基础知识:介绍工程造价的基本概念、计算方法、标准和规范等方面的知识。

工程造价计算实践:通过实例演练,让学生掌握工程造价的计算方法和实践技能,如工程量清单编制、预算编制、概算编制和决算编制等。

工程造价软件应用:介绍工程造价软件的基本操作和应用,如建筑工程造价软件、市政工程造价软件和机电工程造价软件等。

工程造价管理:介绍工程造价管理的基本原则和方法,如造价控制、成本分析和经济评价等。

教师准备以下教学资源。

教学视频:通过录制教学视频,让学生可以自由选择时间和地点进行学习。

课件资料:通过提供课件资料,让学生更好地理解课程内容,同时提供案例和实践环节。

工程造价软件教程:通过提供工程造价软件教程,让学生能够学习和掌握工程造价软件的基本操作和应用。

教师采用以下评估方式。

课堂测验:通过对课程内容进行测验,检测学生对知识的掌握情况。

实践作业:通过布置实践作业,检测学生的计算和实践能力。

期末作品:每学期进行一次期末作品评估,检测学生的学习成果和掌握情况。

教师采用以下在线互动方式。

讨论区:通过利用在线讨论区,让学生进行课程相关的讨论、提问和答疑。

教学群:通过利用在线教学群,让学生可以随时向教师提问和交流。

在线答疑:教师提供在线答疑服务,帮助学生解决问题和提高成绩。

2. 在线教学方法

在在线教学中,教师采用以下教学方法,其概念图如图4.16所示。

理论教学:通过提供教学视频和课件资料等方式,让学生通过理论方式学习工程造价的基本理论和方法,掌握工程造价计算和管理的基本知识。

实践教学:通过提供案例和实践环节,让学生深入了解工程造价的实际应用和解决问题的方法,培养计算和实践能力和思维。

在线讨论和交流:通过采取讨论区、教学群、在线答疑等方式,促进学生与教师之间的交流和互动,及时解决学生的疑惑和问题,提高学习效果。

设计软件实践:通过提供工程造价软件教程和实践环节,让学生能够学习和掌握工程造价软件的基本操作和应用,进一步提高学生的计算和实践能力。

独立学习和自我评估:通过实践作业、课堂测验、期末作品评估等方式,促进学生独立学习和自我评估,提升学习效果和成果。

图 4.16　工程造价在线教育

4.7　管理类专业群的在线教学案例

4.7.1　工商企业管理专业的在线教学案例

1. "企业管理学"课程设计核心

教师明确以下学习目标。

掌握企业管理学的基本理论和实践。
熟悉企业管理的各个方面和功能。
能够分析和评估企业的内部和外部环境。
提高企业管理和决策的能力和水平。

教师根据学习目标,设计以下课程内容。

企业管理基础:介绍企业管理学的概念、理论和实践等。
组织管理:介绍组织结构、人力资源管理、绩效评估等组织管理方面的知识。
运营管理:介绍生产管理、供应链管理、质量管理等运营管理方面的知识。
营销管理:介绍市场营销、品牌管理、渠道管理等营销管理方面的知识。
财务管理:介绍财务分析、资本运营、风险管理等财务管理方面的知识。

教师准备以下教学资源。

教学视频：通过录制教学视频，让学生可以自由选择时间和地点进行学习。

课件资料：通过提供课件资料，让学生更好地理解课程内容，同时提供案例和实践环节。

在线平台：通过利用在线平台，让学生可以进行企业管理实践和在线交流。

教师采用以下评估方式。

课堂测验：通过对课程内容进行测验，检测学生对知识的掌握情况。

分析作业：通过布置分析作业，检测学生的企业分析和判断能力。

期末考试：每学期进行一次考试，检测学生的学习成果和掌握情况。

教师采用以下在线互动方式。

讨论区：通过利用在线讨论区，让学生进行课程相关的讨论、提问和答疑。

教学群：通过利用在线教学群，让学生可以随时向教师提问和交流。

在线答疑：教师提供在线答疑服务，帮助学生解决问题和提高成绩。

2. 在线教学方法

在在线教学中，教师采用以下教学方法，其概念图如图 4.17 所示。

图 4.17　现代物流管理在线教育

理论教学：通过提供教学视频和课件资料等方式，让学生通过理论方式学习企业管理学的基本理论和实践，掌握企业管理的各个方面和功能，熟悉企业内部和外部环境的分析和评估方法。

案例教学：通过提供真实案例和实践环节，让学生深入了解企业管理的应用和实际场景，培养解决实际问题的能力和思维。

在线讨论和交流：通过采取讨论区、教学群、在线答疑等方式，促进学生与教师之间的交流和互动，及时解决学生的疑惑和问题，提高学习效果。

独立学习和自我评估：通过课堂测验、分析作业和期末考试等方式，促进学生进行学习和自我评估，提升学习效果和成果。

4.7.2 现代物流管理专业的在线教学案例

1. "现代物流管理"课程设计核心点

物流管理基础：该课程将详细介绍物流管理的基本概念、理论、方法和技术。

供应链管理：该课程将教授学生如何进行供应链管理，包括采购、生产、配送、库存管理等。

物流信息系统：该课程将介绍现代物流信息系统设计和应用，包括物流管理系统、仓储管理系统、运输管理系统等。

物流运营与优化：该课程将讲解如何进行物流运营以及如何通过运筹学方法进行物流系统优化。

实战项目：该课程将提供一系列实战项目，让学生在真实环境中进行物流管理。

行业应用与案例分享：该课程将介绍物流管理在制造业、零售业、电商等各个行业的应用，分享成功的物流管理案例。

2. 在线教学方法

在在线教学中，教师采用以下教学方法。

理论教学：通过提供教学视频和课件资料等方式，让学生通过理论方式学习现代物流管理的基本概念、原理和方法，掌握物流管理的各个环节和流程，熟悉物流运营的过程和效果的分析和优化方法。

案例教学：通过提供真实案例和实践环节，让学生深入了解物流管理的应用和实际场景，培养解决实际问题的能力和思维。

在线讨论和交流：通过采取讨论区、教学群、在线答疑等方式，促进学生与教师之间的交流和互动，及时解决学生的疑惑和问题，提升学习效果。

独立学习和自我评估：通过课堂测验、分析作业和期末考试等方式，促进学生独立学习和自我评估，提升学习效果和成果。

4.7.3 连锁经营与管理专业的在线教学案例

1."连锁企业管理与发展"课程设计核心点

连锁企业基础:该课程将详细介绍连锁企业的基本模式、特性和发展趋势。

连锁店选址与管理:该课程将教授学生如何进行连锁店的选址和管理,包括市场分析、选址策略、店面运营等。

连锁企业供应链管理:该课程将介绍如何进行连锁企业的供应链管理,包括采购、库存控制、配送等。

连锁企业战略与创新:该课程将讲解如何进行连锁企业的战略规划和创新,包括品牌建设、市场拓展、数字化转型等。

实战项目:该课程将提供一系列的实战项目,让学生在真实环境中进行连锁企业管理。

行业应用与案例分享:该课程将介绍连锁企业管理在零售、餐饮、教育等各个行业的应用,分享成功的连锁企业案例。

2. 在线教学方法

在在线教学中,教师采用以下教学方法。

学生中心教学:教师通过布置实践作业、提供案例分析等,让学生更深入地了解连锁经营的实际应用和解决问题的方法,培养管理和实践能力及思维,让学生成为课程学习的主体。

多媒体教学:教师通过录制教学视频、提供课件资料等方式,让学生可以随时随地学习课程内容,并深入理解连锁经营的基本理论和方法。

在线讨论和交流:通过采取讨论区、教学群、在线答疑等方式,促进学生与教师之间的交流和互动,及时解决学生的疑惑和问题,提升学习效果。

独立学习和自我评估:通过课堂测验、实践作业、期末作品评估等方式,促进学生独立学习和自我评估,提升学习效果和成果。

课堂互动和教学评价:教师通过在线讲座、课堂测验、实践作业和期末作品评估等方式,促进课堂互动和教学评价,提升学习效果。

4.7.4 电子商务专业的在线教学案例

1."电子商务运营与管理"课程设计核心点

该课程旨在让学生通过在线学习了解电子商务的基本概念、发展历程、商业模式、技术应用、安全管理等方面的知识,掌握电子商务的基本技能和方法,提高学生的创新思维和实践能力。课程包括以下内容。

电子商务概论:介绍电子商务的基本概念、发展历程、现状和未来趋势等方面的知识。

电子商务商业模式:介绍电子商务的主要商业模式,如 B2C、C2C、B2B、O2O 等,以及相关案例分析。

电子商务技术应用:介绍电子商务的主要技术应用,如电子支付、物流配送、在线客服等以及相关案例分析。

电子商务安全管理:介绍电子商务的主要安全管理方法和技术,如信息安全、支付安全、交易安全等以及相关案例分析。

电子商务创新思维:通过案例分析和实践作业,让学生深入了解电子商务的实际应用,培养创新思维和实践能力。

教师准备以下教学资源。

教学视频:通过录制教学视频,让学生可以自由选择时间和地点进行学习。

课件资料:通过提供课件资料,让学生更好地理解课程内容,同时提供案例和实践环节。

案例分析:通过提供电子商务案例,让学生能够深入了解实际应用中的问题和解决方法。

在线讲座:邀请电子商务专家,通过在线讲座的形式,让学生了解实际应用中的最新趋势和发展。

教师采用以下评估方式。

课堂测验:通过对课程内容进行测验,检测学生对知识的掌握情况。

实践作业:通过布置实践作业,检测学生的创新思维和实践能力。

期末作品:每学期进行一次期末作品评估,检测学生的学习成果和掌握情况。

教师采用以下在线互动方式。

讨论区:通过利用讨论区,让学生可以随时随地和同学、教师交流和分享学习心得。

教学群:通过利用教学群,让学生可以随时随地和教师交流和解决疑惑。

在线答疑:教师在特定时间段内进行在线答疑,解决学生的问题和疑惑。

2. 在线教学方法

在在线教学中,教师采用以下教学方法。

学生中心教学:教师通过布置实践作业、提供案例分析等方式,让学生更深入地了解电子商务的实际应用和解决问题的方法,培养创新思维和实践能力,让学生成为课程学习的主体。

多媒体教学:教师通过录制教学视频、提供课件资料等方式,让学生可以随时随地学习课程内容,并深入理解电子商务的基本理论和方法。

在线讨论和交流:通过采取讨论区、教学群、在线答疑等方式,促进学生与教师之间的交流和互动,及时解决学生的疑惑和问题,提升学习效果。

独立学习和自我评估:通过课堂测验、实践作业、期末作品评估等方式,促进学生独立学习和自我评估,提升学习效果和成果。

课堂互动和教学评价:教师通过在线讲座、课堂测验、实践作业和期末作品评估等方式,促进课堂互动和教学评价,提升学习效果。

4.7.5 公共文化服务与管理专业的在线教学案例

1. "公共文化服务与管理"课程设计核心点

该课程旨在让学生通过在线学习了解公共文化服务与管理的基本概念、理论、政策、案例和实践等方面的知识,掌握公共文化服务与管理的基本技能和方法,提高学生的文化素养和实践能力。课程包括以下内容。

公共文化服务与管理概论:介绍公共文化服务与管理的基本概念、发展历程、现状和未来趋势等方面的知识。

公共文化政策与法律法规:介绍公共文化政策和法律法规,如文化产业发展政策、文化市场监管法等。

公共文化设施与服务:介绍公共文化设施和服务,如图书馆、博物馆、文化中心、数字文化资源等以及相关案例分析。

公共文化创意产业:介绍公共文化创意产业的概念、特点和发展以及相关案例分析。

公共文化项目管理:介绍公共文化项目管理的基本理论、方法和案例,如文化活动策划、文化创意产品开发等。

公共文化服务评估与质量管理:介绍公共文化服务评估和质量管理的基本理论和方法以及相关案例分析。

教师准备以下教学资源。

教学视频:通过录制教学视频,让学生可以自由选择时间和地点进行学习。

课件资料:通过提供课件资料,让学生更好地理解课程内容,同时提供案例和实践环节。

案例分析:通过提供公共文化服务与管理案例,让学生能够深入了解实际应用中的问题和解决方法。

在线讲座:邀请公共文化服务与管理专家,通过在线讲座的形式,让学生了解实际应用中的最新趋势和发展。

教师采用以下评估方式。

课堂测验:通过对课程内容进行测验,检测学生对知识的掌握情况。

实践作业:通过布置实践作业,检测学生的创新思维和实践能力。

期末作品:每学期进行一次期末作品评估,要求学生围绕公共文化服务与管理的实际问题,进行研究和解决,提高学生的综合应用能力。

2. 在线教学方法

在在线教学中,教师采用以下教学方法,其概念图如图 4.18 所示。

图 4.18　公共文化服务与管理在线教育

学生中心教学:教师通过布置实践作业、提供案例分析等方式,让学生更深入地了解公共文化服务与管理的实际应用和解决问题的方法,培养创新思维和实践能力,让学生成为课程学习的主体。

多媒体教学:教师通过录制教学视频、提供课件资料等方式,让学生可以随时随地学习课程内容,并深入理解公共文化服务与管理的基本理论和方法。

在线讨论和交流:通过采取讨论区、教学群、在线答疑等方式,促进学生与教师之间的交流和互动,及时解决学生的疑惑和问题,提高学习效果。

独立学习和自我评估:通过课堂测验、实践作业、期末作品评估等方式,促进学生独立学习和自我评估,提升学习效果和成果。

课堂互动和教学评价：教师通过在线讲座、课堂测验、实践作业和期末作品评估等方式，促进课堂互动和教学评价，提升学习效果。

4.7.6　工程管理专业的在线教学案例

1."工程项目管理与实践"课程设计核心点

该课程旨在让学生通过在线学习了解工程管理的基本理论和方法，掌握工程管理的基本技能和方法，提高学生的设计和实践能力。课程包括以下内容。

工程管理基础：介绍工程管理的基本概念、原则、流程等。

工程规划：介绍工程规划的基本原理和方法，包括工程的可行性研究、工程的编制等。

工程施工：介绍工程施工的基本原理和方法，包括施工计划、进度控制、质量控制等。

工程监理：介绍工程监理的基本原理和方法，包括监理的职责、监理的方式和方法等。

工程成本管理：介绍工程成本管理的基本原理和方法，包括成本控制、成本分析、成本估算等。

教师准备以下教学资源。

教学视频：通过录制教学视频，让学生可以自由选择时间和地点进行学习。

课件资料：通过提供课件资料，让学生更好地理解课程内容，同时提供案例和实践环节。

在线平台：通过利用在线平台，让学生可以进行工程管理实践和在线交流。

教师采用以下评估方式。

课堂测验：通过对课程内容进行测验，检测学生对知识的掌握情况。

实践作业：通过布置实践作业，检测学生的设计和实践能力。

期末作品：每学期进行一次期末作品评估，检测学生的学习成果和掌握情况。

教师采用以下在线互动方式。

讨论区：通过利用在线讨论区，让学生进行课程相关的讨论、提问和答疑。

教学群：通过利用在线教学群，让学生可以随时向教师提问和交流。

在线答疑：教师提供在线答疑服务，帮助学生解决问题和提高成绩。

2. 在线教学方法

在在线教学中，教师采用以下教学方法。

理论教学:通过提供教学视频和课件资料等方式,让学生通过理论方式学习工程管理的基本理论和方法,掌握工程管理基础、工程规划、工程施工、工程监理、工程成本管理等方面的知识,理解工程管理的各个方面和变化。

实践教学:通过提供案例和实践环节,让学生深入了解工程管理的应用和实际场景,培养设计和实践的能力及思维。

在线讨论和交流:通过采取讨论区、教学群、在线答疑等方式,促进学生与教师之间的交流和互动,及时解决学生的疑惑和问题,提升学习效果。

独立学习和自我评估:通过实践作业、课堂测验、期末作品评估等方式,促进学生独立学习和自我评估,提升学习效果和成果。

4.8 土木建筑类专业群的在线教育案例

4.8.1 土木工程专业的在线教学案例

1. "结构力学"课程设计核心点

教师明确了以下学习目标。

熟悉结构力学的基本概念、理论和方法。
掌握静力学、动力学和弹性力学等方面的知识。
能够分析和计算各种结构的受力和变形情况。
提高土木工程设计和实践的能力和水平。

教师根据学习目标,设计了以下课程内容。

静力学基础:介绍力的基本概念和力的平衡条件以及悬臂梁、梁和桁架的静力学分析。

动力学基础:介绍动力学的基本概念和受力情况以及单自由度体系的自由振动和强迫振动。

弹性力学基础:介绍弹性力学的基本概念和应变应力关系以及梁和板的弹性力学分析。

结构分析:介绍结构受力的一般理论和方法以及框架和悬链的分析。

数值分析:介绍结构分析的数值计算方法和有限元分析原理。

第 4 章 在线教学设计与教学方法

教师准备以下教学资源。

教学视频：通过录制教学视频，让学生可以自由选择时间和地点进行学习。

课件资料：通过提供课件资料，让学生更好地理解课程内容，同时提供案例和实践环节。

在线平台：通过利用在线平台，让学生可以进行结构分析的实践和在线交流。

教师采用以下评估方式。

课堂测验：通过对课程内容进行测验，检测学生对知识的掌握情况。

分析作业：通过布置分析作业，检测学生的结构分析和计算能力。

期末考试：每学期进行一次考试，检测学生的学习成果和掌握情况。

教师采用以下在线互动方式。

讨论区：通过利用在线讨论区，让学生进行课程相关的讨论、提问和答疑。

教学群：通过利用在线教学群，让学生可以随时向教师提问和交流。

在线答疑：教师提供在线答疑服务，帮助学生解决问题和提高成绩。

2. 在线教学方法

在在线教学中，教师采用以下教学方法。

理论教学：通过提供教学视频和课件资料等方式，让学生通过理论方式学习结构力学的基本概念、理论和方法，掌握静力学、动力学和弹性力学等方面的知识，理解各种结构的受力和变形情况。

案例教学：通过提供真实案例和实践环节，让学生深入了解结构力学的应用和实际场景，培养解决实际问题的能力和思维。

在线讨论和交流：通过采取讨论区、教学群、在线答疑等方式，促进学生与教师之间的交流和互动，及时解决学生的疑惑和问题，提升学习效果。

独立学习和自我评估：通过课堂测验、分析作业和期末考试等方式，促进学生进行独立学习和自我评估，提升学习效果和成果。

4.8.2 建筑工程管理专业的在线教学案例

1."建筑工程项目管理"课程设计核心点

该课程旨在让学生通过在线学习了解建筑工程管理的基本理论和方法，掌握建筑工程管理的基本技能和方法，提高学生的工程管理和实践能力。课程包括以下内容。

工程造价管理：介绍工程造价管理的基本概念和方法，包括预算编制、成本控制、工程清单管理等。

工程进度管理：介绍工程进度管理的基本概念和方法，包括计划编制、进度跟踪、进度控制等。

施工质量管理：介绍施工质量管理的基本概念和方法，包括质量控制、质量检验、质量评估等。

安全管理：介绍建筑工程安全管理的基本概念和方法，包括施工安全管理、环境安全管理、职业健康安全管理等。

项目管理：介绍项目管理的基本概念和方法，包括项目计划、项目实施、项目控制、项目评估等。

教师准备以下教学资源。

教学视频：通过录制教学视频，让学生可以自由选择时间和地点进行学习。

课件资料：通过提供课件资料，让学生更好地理解课程内容，同时提供案例和实践环节。

在线平台：通过利用在线平台，让学生可以进行建筑工程项目管理实践和在线交流。

教师采用以下评估方式。

课堂测验：通过对课程内容进行测验，检测学生对知识的掌握情况。

实践作业：通过布置实践作业，检测学生的工程管理和实践能力。

期末考试：每学期进行一次考试，检测学生的学习成果和掌握情况。

教师采用以下在线互动方式。

讨论区：通过利用在线讨论区，让学生进行课程相关的讨论、提问和答疑。

教学群：通过利用在线教学群，让学生可以随时向教师提问和交流。

在线答疑：教师提供在线答疑服务，帮助学生解决问题和提高成绩。

2. 在线教学方法

在在线教学中，教师采用以下教学方法，其概念图如图 4.19 所示。

理论教学：通过提供教学视频和课件资料等方式，让学生通过理论方式学习建筑工程管理的基本理论和方法，掌握工程造价管理、工程进度管理、施工质量管理、安全管理和项目管理等方面的知识，理解建筑工程管理的各个方面和变化。

实践教学：通过提供案例和实践环节，让学生深入了解建筑工程管理的应用和实际场景，培养实践和解决实际问题的能力和思维。

在线讨论和交流：通过采取讨论区、教学群、在线答疑等方式，促进学生与教师之间的交流和互动，及时解决学生的疑惑和问题，提升学习效果。

独立学习和自我评估：通过实践作业、课堂测验、分析作业和期末考试等方式，促进学生进行独立学习和自我评估，提升学习效果和成果。

图 4.19　建筑工程管理在线教育

4.8.3　风景园林设计专业的在线教学案例

1. "风景园林设计原理与实践"课程设计核心点

该课程旨在让学生通过在线学习了解风景园林设计的基本理论和方法,掌握风景园林设计的基本技能和方法,提高学生的设计和实践能力。课程包括以下内容。

园林设计基础:介绍风景园林设计的基本概念、原则、风格等。

庭院设计:介绍庭院设计的基本原理和方法,包括平面设计、立体设计、材料选择等。

公共空间设计:介绍公共空间设计的基本原理和方法,包括公园、广场、绿地等。

植物配置:介绍植物配置的基本原理和方法,包括植物的种类、特点、配合等。

园林施工:介绍园林施工的基本原理和方法,包括施工计划、安全管理、质量控制等。

教师准备以下教学资源。

教学视频:通过录制教学视频,让学生可以自由选择时间和地点进行学习。

课件资料:通过提供课件资料,让学生更好地理解课程内容,同时提供案例和实践环节。

在线平台:通过利用在线平台,让学生可以进行风景园林设计实践和在线交流。

教师采用以下评估方式。

课堂测验：通过对课程内容进行测验，检测学生对知识的掌握情况。

实践作业：通过布置实践作业，检测学生的设计和实践能力。

期末作品：每学期进行一次期末作品评估，检测学生的学习成果和掌握情况。

教师采用以下在线互动方式。

讨论区：通过利用在线讨论区，让学生进行课程相关的讨论、提问和答疑。

教学群：通过利用在线教学群，让学生可以随时向教师提问和交流。

在线答疑：教师提供在线答疑服务，帮助学生解决问题和提高成绩。

2. 在线教学方法

在在线教学中，教师采用以下教学方法。

理论教学：通过提供教学视频和课件资料等方式，让学生通过理论方式学习风景园林设计的基本理论和方法，掌握庭院设计、公共空间设计、植物配置、园林施工等方面的知识，理解风景园林设计的各个方面和变化。

实践教学：通过提供案例和实践环节，让学生深入了解风景园林设计的应用和实际场景，培养设计和实践的能力和思维。

在线讨论和交流：通过采取讨论区、教学群、在线答疑等方式，促进学生与教师之间的交流和互动，及时解决学生的疑惑和问题，提升学习效果。

独立学习和自我评估：通过实践作业、课堂测验、期末作品评估等方式，促进学生独立学习和自我评估，提升学习效果和成果。

4.8.4　水利水电工程专业的在线教学案例

1. "水利水电工程设计与管理"课程设计核心点

基础知识：该课程将详细介绍水利水电工程的基本知识，如水文气象学、水力学、水电站设计等。

设计原理：该课程将教授学生如何根据水文数据、地质条件、工程需求等因素进行水利水电工程设计。

项目管理：该课程将介绍如何进行水利水电工程项目管理，包括进度控制、成本控制、质量控制、风险管理等。

软件应用：该课程将讲解如何使用水利水电工程设计软件（如CAD、Revit、Etabs等）进行设计和分析。

实战项目：该课程将提供一系列的实战项目，让学生在真实环境中进行水利水电工程设计和管理。

行业应用:该课程将介绍水利水电工程设计与管理在各种水利水电项目(如大坝、水电站、灌溉系统等)中的应用,并分享一些成功的案例。

2. 在线教学方法

在在线教学中,教师采用以下教学方法,其概念图如图4.20所示。

图 4.20　水利水电工程在线教学

理论教学:通过提供教学视频和课件资料等方式,让学生通过理论方式学习水利水电工程的基本理论和方法,掌握水利水电工程规划、水电站设计、水资源管理、工程施工等方面的知识,理解水利水电工程的各个方面和变化。

实践教学:通过提供案例和实践环节,让学生深入了解水利水电工程的应用和实际场景,培养设计和实践的能力和思维。

在线讨论和交流:通过采取讨论区、教学群、在线答疑等方式,促进学生与教师之间的交流和互动,及时解决学生的疑惑和问题,提高学习效果。

独立学习和自我评估:通过实践作业、课堂测验、期末作品评估等方式,促进学生进行独立学习和自我评估,提升学习效果和成果。

4.8.5　建筑工程监理专业的在线教学案例

1."建筑工程监理原理与实务"课程设计核心点

该课程旨在让学生通过在线学习了解建筑工程监理的基本理论和方法,掌握建筑工程监理的基本技能和方法,提高学生的管理和监理能力。课程包括以下内容。

建筑工程监理概述:介绍建筑工程监理的基本概念、特点、职责和要求等方面的知识。

建筑工程监理法律法规:介绍建筑工程监理法律法规和规章制度,包括《建设工程质量管理条例》《建筑工程监理规程》等。

建筑工程监理管理:介绍建筑工程监理的管理和实践,包括监理计划制定、监理资料管理、监理检查和评估等。

建筑工程监理案例分析:通过实际案例,介绍建筑工程监理的实际应用和解决问题的方法。

教师准备以下教学资源。

教学视频:通过录制教学视频,让学生可以自由选择时间和地点进行学习。

课件资料:通过提供课件资料,让学生更好地理解课程内容,同时提供案例和实践环节。

教师采用以下评估方式。

课堂测验:通过对课程内容进行测验,检测学生对知识的掌握情况。

实践作业:通过布置实践作业,检测学生的管理和监理能力。

期末作品:每学期进行一次期末作品评估,检测学生的学习成果和掌握情况。

教师采用以下在线互动方式。

讨论区:通过利用在线讨论区,让学生进行课程相关的讨论、提问和答疑。

教学群:通过利用在线教学群,让学生可以随时向教师提问和交流。

在线答疑:教师提供在线答疑服务,帮助学生解决问题和提高成绩。

2. 在线教学方法

在在线教学中,教师采用以下教学方法。

理论教学:通过提供教学视频和课件资料等方式,让学生通过理论方式学习建筑工程监理的基本理论和方法,掌握建筑工程监理法律法规、管理和实践等方面的知识,理解建筑工程监理的职责和要求。

实践教学:通过提供案例和实践环节,让学生深入了解建筑工程监理的实际应用和解决问题的方法,培养管理和监理能力和思维。

在线讨论和交流:通过采取讨论区、教学群、在线答疑等方式,促进学生与教师之间的交流和互动,及时解决学生的疑惑和问题,提高学习效果。

独立学习和自我评估:通过实践作业、课堂测验、期末作品评估等方式,促进学生独立学习和自我评估,提升学习效果和成果。

4.8.6 建筑室内设计专业的在线教学案例

1. "室内设计教程"课程设计核心点

该课程旨在让学生通过在线学习了解建筑室内设计的基本理论和方法,掌握室内设计的基本技能和方法,提高学生的设计和创意能力。课程包括以下内容。

建筑室内设计概述:介绍建筑室内设计的基本概念、特点、职责和要求等方面的知识。

室内设计理论和方法:介绍室内设计的理论基础和设计方法,包括空间规划、材料和颜色搭配等方面的知识。

室内设计软件:介绍室内设计软件的基本操作和应用,包括 AutoCAD、SketchUp、3ds Max 等软件。

室内设计案例分析:通过实际案例,介绍室内设计的实际应用和解决问题的方法。

教师准备以下教学资源。

教学视频:通过录制教学视频,让学生可以自由选择时间和地点进行学习。

课件资料:通过提供课件资料,让学生更好地理解课程内容,同时提供案例和实践环节。

设计软件教程:通过提供设计软件教程,让学生能够学习和掌握室内设计软件的基本操作和应用。

教师采用以下评估方式。

课堂测验:通过对课程内容进行测验,检测学生对知识的掌握情况。

实践作业:通过布置实践作业,检测学生的设计和创意能力。

期末作品:每学期进行一次期末作品评估,检测学生的学习成果和掌握情况。

教师采用以下在线互动方式。

讨论区:通过利用在线讨论区,让学生进行课程相关的讨论、提问和答疑。

教学群:通过利用在线教学群,让学生可以随时向教师提问和交流。

在线答疑:教师提供在线答疑服务,帮助学生解决问题和提高成绩。

2. 在线教学方法

在在线教学中,教师采用以下教学方法。

理论教学:通过提供教学视频和课件资料等方式,让学生通过理论方式学习建筑室内设计的基本理论和方法,掌握空间规划、材料和颜色搭配等方面的知识,理解室内设计的职责和要求。

实践教学:通过提供案例和实践环节,让学生深入了解室内设计的实际应用和解决问题的方法,培养设计和创意能力和思维。

在线讨论和交流:通过采取讨论区、教学群、在线答疑等方式,促进学生与教师之间的交流和互动,及时解决学生的疑惑和问题,提升学习效果。

设计软件实践:通过提供设计软件教程和实践环节,让学生能够学习和掌握室内设计软件的基本操作和应用,进一步提高学生的设计和创意能力。

独立学习和自我评估:通过实践作业、课堂测验、期末作品评估等方式,促进学生进行独立学习和自我评估,提升学习效果和成果。

4.8.7 道路与桥梁工程技术专业的在线教学案例

1. "道路与桥梁设计原理"课程设计核心点

基础知识:该课程将详细介绍道路和桥梁设计的基本知识,如地形地貌、地质条件、交通流量等。

设计原理:该课程将教授学生如何根据交通需求、地形地貌、地质条件等因素进行道路和桥梁的设计。

结构设计:该课程将介绍如何设计桥梁的结构,如桥墩、桥塔、桥面板等,并讲解如何进行结构分析和验证。

软件应用:该课程将讲解如何使用道路和桥梁设计软件(如 PKPM、MIDAS 等)进行设计和分析。

实战项目:该课程将提供一系列的实战项目,让学生在真实环境中进行道路和桥梁设计。

行业应用:该课程将介绍道路和桥梁设计在交通建设、城市规划、工程项目等各种领域的应用,并分享一些成功的案例。

2. 在线教学方法

在在线教学中,教师采用以下教学方法,其概念图如图 4.21 所示。

理论教学:通过提供教学视频和课件资料等方式,让学生通过理论方式学习道路与桥梁工程技术的基本理论和方法,掌握桥梁结构、桥梁施工和桥梁检修等方面的知识,理解道路与桥梁工程的职责和要求。

实践教学:通过提供案例和实践环节,让学生深入了解道路与桥梁工程的实际应用和解决问题的方法,培养设计和实践能力及思维。

在线讨论和交流:通过采取讨论区、教学群、在线答疑等方式,促进学生与教师之间

图 4.21　道路与桥梁工程在线教育

的交流和互动,及时解决学生的疑惑和问题,提高学习效果。

设计软件实践:通过提供设计软件教程和实践环节,让学生能够学习和掌握道路与桥梁设计软件的基本操作和应用,进一步提高学生的设计和实践能力。

独立学习和自我评估:通过实践作业、课堂测验、期末作品评估等方式,促进学生独立学习和自我评估,提高学习效果和成果。

4.9　电气电子信息类专业群的在线教育案例

4.9.1　建筑电气工程技术专业的在线教学案例

1. "建筑电气系统设计与应用"课程设计核心点

电气工程基础:将详细介绍电气工程的基础知识,如电路理论、电力系统、电气安全等。

建筑电气系统设计:将教授学生如何设计建筑电气系统,包括照明系统、电力系统、安全系统等。

电气设备和材料:将介绍常用的电气设备和材料,如电线、电缆、开关、保护设备等,以及如何选择和使用它们。

电气安装和维护:将讲解电气安装和维护的基本技巧,包括线路敷设、接线、故障检测、设备维护等。

实战项目:将提供一系列的实战项目,让学生在真实环境中设计和实施自己的建筑电气系统。

行业应用：将介绍建筑电气技术在各种类型的建筑(如住宅、商业建筑、工业建筑等)中的应用，并分析一些成功的案例。

2. 在线教学方法

在在线教学中，教师采用以下教学方法。

理论教学：通过提供教学视频和课件资料等方式，让学生通过理论方式学习建筑电气工程技术的基本理论和方法，掌握建筑电气设计和管理的基本知识。

实践教学：通过提供案例和实践环节，让学生深入了解建筑电气工程技术的实际应用和解决问题的方法，培养设计和实践能力和思维。

在线讨论和交流：通过采取讨论区、教学群、在线答疑等方式，促进学生与教师之间的交流和互动，及时解决学生的疑惑和问题，提升学习效果。

设计软件实践：通过提供建筑电气软件教程和实践环节，让学生能够学习和掌握建筑电气软件的基本操作和应用，进一步提高学生的设计和实践能力。

独立学习和自我评估：通过实践作业、课堂测验、期末作品评估等方式，促进学生独立学习和自我评估，提高学习效果和成果。

4.9.2 电子信息工程技术专业的在线教学案例

1."电子信息工程技术与应用"课程设计核心点

该课程旨在让学生通过在线学习了解电子信息工程技术的基本理论和方法，掌握电子信息工程的基本技能和方法，提高学生的设计和实践能力。课程包括以下内容。

电子电路基础知识：介绍电子电路的基本概念、技术、标准和规范等方面的知识。

电子设备设计实践：通过实例演练，让学生掌握电子设备设计的方法和实践技能，如模拟电路和数字电路设计、电子设备调试和维护等。

电子信息系统：介绍电子信息系统的基本原理和方法，如数字信号处理、通信原理和信息安全等。

教师准备以下教学资源。

教学视频：通过录制教学视频，让学生可以自由选择时间和地点进行学习。

课件资料：通过提供课件资料，让学生更好地理解课程内容，同时提供案例和实践环节。

电子电路软件教程：通过提供电子电路软件教程，让学生能够学习和掌握电子电路软件的基本操作和应用。

教师采用以下评估方式。

课堂测验：通过对课程内容进行测验，检测学生对知识的掌握情况。

实践作业：通过布置实践作业，检测学生的设计和实践能力。

期末作品：每学期进行一次期末作品评估，检测学生的学习成果和掌握情况。

教师采用以下在线互动方式。

讨论区：通过利用在线讨论区，让学生进行课程相关的讨论、提问和答疑。

教学群：通过利用在线教学群，让学生可以随时向教师提问和交流。

在线答疑：教师提供在线答疑服务，帮助学生解决问题和提高成绩。

2. 在线教学方法

在电子信息工程技术专业的在线教学中，教师采用以下教学方法。

理论教学：通过提供教学视频和课件资料等方式，让学生通过理论方式掌握电子信息工程技术的基本概念和知识，建立起扎实的理论基础。

实践教学：通过提供实例和实践环节，让学生深入了解电子信息工程技术的实际应用和解决问题的方法，培养设计和实践能力及思维。

在线讨论和交流：通过采取讨论区、教学群、在线答疑等方式，促进学生与教师之间的交流和互动，及时解决学生的疑惑和问题，提高学习效果。

设计软件实践：通过提供电子信息工程软件教程和实践环节，让学生能够学习和掌握电子信息工程软件的基本操作和应用，进一步提高学生的设计和实践能力。

独立学习和自我评估：通过实践作业、课堂测验、期末作品评估等方式，促进学生独立学习和自我评估，提高学习效果和成果。

4.9.3　电气工程及其自动化专业的在线教学案例

1."自动控制原理与应用"课程设计核心点

该课程旨在让学生通过在线学习了解电气工程及其自动化的基本理论和方法，掌握电气工程及其自动化的基本技能和方法，提高学生的设计和实践能力。课程包括以下内容。

电气工程基础知识：介绍电气工程的基本概念、技术、标准和规范等方面的知识。

电气设备设计实践：通过实例演练，让学生掌握电气设备设计的方法和实践技能，如电机设计、电力系统设计、电气控制等。

自动化控制系统：介绍自动化控制系统的基本原理和方法，如 PLC 编程、传感器技术和控制算法等。

教师准备以下教学资源。

教学视频:通过录制教学视频,让学生可以自由选择时间和地点进行学习。

课件资料:通过提供课件资料,让学生更好地理解课程内容,同时提供案例和实践环节。

电气设计软件教程:通过提供电气设计软件教程,让学生能够学习和掌握电气设计软件的基本操作和应用。

教师采用以下评估方式。

课堂测验:通过对课程内容进行测验,检测学生对知识的掌握情况。

实践作业:通过布置实践作业,检测学生的设计和实践能力。

期末作品:每学期进行一次期末作品评估,检测学生的学习成果和掌握情况。

教师采用以下在线互动方式。

讨论区:通过利用在线讨论区,让学生进行课程相关的讨论、提问和答疑。

教学群:通过利用在线教学群,让学生可以随时向教师提问和交流。

在线答疑:教师提供在线答疑服务,帮助学生解决问题和提高成绩。

2. 在线教学方法

在电气工程及其自动化专业的在线教学中,教师采用以下教学方法,其概念图如图4.22所示。

图4.22 电气工程及其自动化在线教育

理论教学:通过提供教学视频和课件资料等方式,让学生掌握电气工程及其自动化的基本理论和知识,建立起扎实的理论基础。

实践教学:通过实践案例和实践环节,让学生深入了解电气工程及其自动化的实际应用和解决问题的方法,培养设计和实践能力和思维。

设计软件实践:通过提供电气设计软件教程和实践环节,让学生能够学习和掌握电气设计软件的基本操作和应用,进一步提高学生的设计和实践能力。

在线讨论和交流:通过采取讨论区、教学群、在线答疑等方式,促进学生与教师之间的交流和互动,及时解决学生的疑惑和问题,提高学习效果。

独立学习和自我评估:通过实践作业、课堂测验、期末作品评估等方式,促进学生独立学习和自我评估,提高学习效果和成果。

4.9.4　应用电子专业的在线教学实际案例

1. "应用电子技术"课程设计核心点

该课程旨在让学生通过在线学习了解应用电子学的基本理论和方法,掌握应用电子学的基本技能和方法,提高学生的设计和实践能力。课程包括以下内容。

电子技术基础知识:介绍电子技术的基本概念、技术、标准和规范等方面的知识。

应用电子设计实践:通过实例演练,让学生掌握应用电子设计的方法和实践技能,如信号处理、通信技术、控制系统等。

电路设计:介绍电路设计的基本原理和方法,如模拟电路设计、数字电路设计等。

教师准备以下教学资源。

教学视频:通过录制教学视频,让学生可以自由选择时间和地点进行学习。

课件资料:通过提供课件资料,让学生更好地理解课程内容,同时提供案例和实践环节。

电路设计软件教程:通过提供电路设计软件教程,让学生能够学习和掌握电路设计软件的基本操作和应用。

教师采用以下评估方式。

课堂测验:通过对课程内容进行测验,检测学生对知识的掌握情况。

实践作业:通过布置实践作业,检测学生的设计和实践能力。

期末作品:每学期进行一次期末作品评估,检测学生的学习成果和掌握情况。

教师采用以下在线互动方式。

讨论区:通过利用在线讨论区,让学生进行课程相关的讨论、提问和答疑。

教学群:通过利用在线教学群,让学生可以随时向教师提问和交流。

在线答疑:教师提供在线答疑服务,帮助学生解决问题和提高成绩。

2. 在线教学方法

在应用电子专业的在线教学中,教师采用以下教学方法。

理论教学:通过提供教学视频和课件资料等方式,让学生掌握应用电子学的基本理论和知识,建立起扎实的理论基础。

实践教学:通过实践案例和实践环节,让学生深入了解应用电子学的实际应用和解决问题的方法,培养设计和实践能力及思维。

设计软件实践:通过提供电路设计软件教程和实践环节,让学生能够学习和掌握电路设计软件的基本操作和应用,进一步提高学生的设计和实践能力。

在线讨论和交流:通过采取讨论区、教学群、在线答疑等方式,促进学生与教师之间的交流和互动,及时解决学生的疑惑和问题,提升学习效果。

独立学习和自我评估:通过实践作业、课堂测验、期末作品评估等方式,促进学生独立学习和自我评估,提升学习效果和成果。

4.10 教育类专业群的在线教育案例

4.10.1 现代教育技术专业的在线教学案例

1. "现代教育技术与应用"课程设计核心点

该课程旨在让学生通过在线学习了解现代教育技术的基本概念、理论、技术和应用等方面的知识,掌握现代教育技术的基本技能和方法,提高学生的实践能力和创新思维。课程包括以下内容。

现代教育技术概论:介绍现代教育技术的基本概念、发展历程、现状和未来趋势等方面的知识。

教育技术理论与方法:介绍教育技术的基本理论和方法,如教育技术设计原理、多媒体教学设计等。

现代教育技术应用:介绍现代教育技术的应用,如网络课程、在线教学、移动学习以及相关案例分析。

教育数据分析与挖掘:介绍教育数据分析和挖掘的基本理论和方法以及相关案例分析。

虚拟现实教育:介绍虚拟现实技术在教育中的应用以及相关案例分析。

教育智能化技术:介绍教育智能化技术的概念、特点和发展以及相关案例分析。

教师准备以下教学资源。

教学视频：通过录制教学视频，让学生可以自由选择时间和地点进行学习。

课件资料：通过提供课件资料，让学生更好地理解课程内容，同时提供案例和实践环节。

案例分析：通过提供现代教育技术的案例，让学生能够深入了解实际应用中的问题和解决方法。

在线讲座：邀请现代教育技术专家，通过在线讲座的形式，让学生了解实际应用中的最新趋势和发展。

教师采用以下评估方式。

课堂测验：通过对课程内容进行测验，检测学生对知识的掌握情况。

实践作业：通过布置实践作业，检测学生的创新思维和实践能力。

期末作品：每学期末作品，要求学生利用所学知识和技能，设计和开发一个现代教育技术应用项目，以检验学生的实践能力和创新思维。

2. 在线教学方法

在在线教学中，教师采用以下教学方法，如图 4.23 所示。

学生中心教学：教师采用学生中心教学方法，引导学生积极参与课程学习和讨论，提高学生的自主学习能力和培养创新思维。

多媒体教学：教师通过录制教学视频和提供课件资料等方式，让学生随时随地进行学习，提高学生的学习效率和学习质量。

在线讨论和交流：通过采取讨论区、教学群、在线答疑等方式，促进学生与教师之间的交流和互动，解决学生的问题和疑惑。

独立学习和自我评估：通过课堂测验、实践作业、期末作品评估等方式，促进学生独立学习和自我评估，提升学生的学习效果和成果。

课堂互动和教学评价：教师通过在线讲座、课堂测验等方式，促进课堂互动和教学评价，提升学习效果和教学质量。

4.10.2　学前教育专业的在线教学案例

1."学前教育基础与实践"课程设计核心点

该课程旨在让学生通过在线学习了解学前教育的基本概念、理论、技术和方法等方面的知识，掌握学前教育的基本技能和方法，提高学生的实践能力和创新思维。课程包括以下内容。

在线教育技术与创新

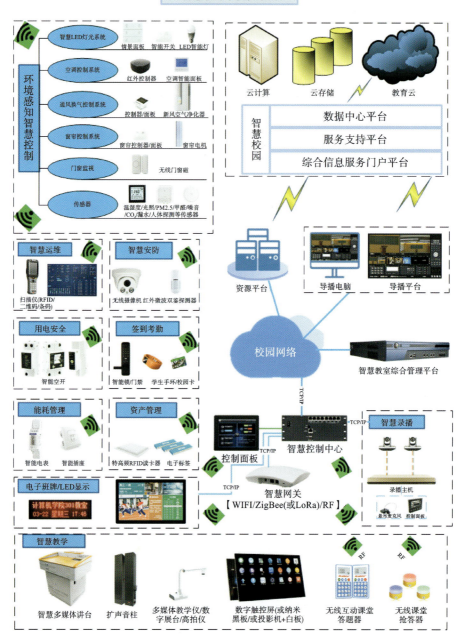

图 4.23　现代教育技术在智慧教室在线教学中的应用

学前教育概论：介绍学前教育的基本概念、发展历程、现状和未来趋势等方面的知识。

学前儿童心理发展：介绍学前儿童的生理、心理和认知发展以及对学前教育的启示和指导。

学前教育课程与评估：介绍学前教育的课程设计和评估，包括教育目标、教学内容、教学方法、评估方式等。

学前教育资源与环境:介绍学前教育的资源和环境,包括教育设施、教学材料、教育技术等方面。

学前教育实践:通过案例分析和实践环节,让学生了解学前教育实践中的问题和解决方法。

学前教育研究与发展:介绍学前教育的研究方法和发展趋势以及相关案例分析。

教师准备以下教学资源。

教学视频:通过录制教学视频,让学生可以自由选择时间和地点进行学习。

课件资料:通过提供课件资料,让学生更好地理解课程内容,同时提供案例和实践环节。

案例分析:通过提供学前教育的案例,让学生能够深入了解实际应用中的问题和解决方法。

在线讲座:邀请学前教育专家,通过在线讲座的形式,让学生了解实际应用中的最新趋势和发展。

教师采用以下评估方式。

课堂测验:通过对课程内容进行测验,检测学生对知识的掌握情况。

实践作业:通过布置实践作业,检测学生的创新思维和实践能力。

期末作品:每学期要求学生开发一个学前教育教学方案,以检验学生的实践能力和创新思维。

2. 在线教学方法

在在线教学中,教师采用以下教学方法,其概念图如图 4.24 所示。

图 4.24　学前教育在线教育

学生中心教学：教师采用学生中心教学方法，引导学生积极参与课程学习和讨论，提高学生的自主学习能力和培养创新思维。

多媒体教学：教师通过录制教学视频和提供课件资料等方式，让学生随时随地进行学习，提高学生的学习效率和学习质量。

在线讨论和交流：通过采取讨论区、教学群、在线答疑等方式，促进学生与教师之间的交流和互动，解决学生的问题和疑惑。

独立学习和自我评估：通过课堂测验、实践作业、期末作品评估等方式，促进学生独立学习和自我评估，提升学生的学习效果和成果。

课堂互动和教学评价：教师通过在线讲座、课堂测验等方式，促进课堂互动和教学评价，提升学习效果和教学质量。

4.11　大学基础课的在线教育案例

4.11.1　"微积分"课程的在线教学案例

1. 在线教学设计

教师明确以下学习目标。

熟悉微积分的基本概念、理论和方法。
掌握函数极限、导数和积分等方面的知识。
能够求解函数的极限、导数和积分。
提高数学分析和应用的能力和水平。

教师根据学习目标，设计以下课程内容。

函数极限：介绍函数极限的概念和计算方法，包括无穷小量、无穷大量和极限的性质。

导数和微分：介绍导数和微分的概念和计算方法，包括基本导数公式、高阶导数和微分的应用。

积分和反演公式：介绍积分和反演公式的概念和计算方法，包括不定积分、定积分和反演公式的应用。

教师准备以下教学资源。

教学视频：通过录制教学视频，让学生可以自由选择时间和地点进行学习。

课件资料:通过提供课件资料,让学生更好地理解课程内容,同时提供案例和实践环节。

在线平台:通过利用在线平台,让学生可以进行数学分析实践和在线交流。

教师采用以下评估方式。

课堂测验:通过对课程内容进行测验,检测学生对知识的掌握情况。

分析作业:通过布置分析作业,检测学生的数学分析和计算能力。

期末考试:每学期进行一次考试,检测学生的学习成果和掌握情况。

教师采用以下在线互动方式。

讨论区:通过利用在线讨论区,让学生进行课程相关的讨论、提问和答疑。

教学群:通过利用在线教学群,让学生可以随时向教师提问和交流。

在线答疑:教师提供在线答疑服务,帮助学生解决问题和提高成绩。

2. 在线教学方法

在在线教学中,教师采用以下教学方法,其概念图如图 4.25 所示。

图 4.25 高等数学在线教育

理论教学:通过提供教学视频和课件资料等方式,让学生通过理论方式学习微积分的基本概念、理论和方法,掌握函数极限、导数和积分等方面的知识,理解数学分析的各个方面和变化。

案例教学:通过提供真实案例和实践环节,让学生深入了解微积分的应用和实际场景,培养分析和解决实际问题的能力和思维。

在线讨论和交流:通过采取讨论区、教学群、在线答疑等方式,促进学生与教师之间的交流和互动,及时解决学生的疑惑和问题,提升学习效果。

独立学习和自我评估:通过课堂测验、分析作业和期末考试等方式,促进学生独立学习和自我评估,提高学习效果和成果。

4.11.2 "艺术欣赏与现代科技"课程的在线教学案例

1. 在线教学设计

该课程旨在让学生通过在线学习探索艺术与科技融合,探索现代科技如何改变艺术的形式和表现方式,从而提高学生的艺术欣赏能力和科技应用水平。课程包括以下内容。

艺术与科技的交互关系:介绍艺术与科技的交互关系,探讨现代科技如何改变艺术的形式和表现方式。

数字艺术:介绍数字艺术的概念和应用,包括数字影像、虚拟现实、增强现实等。

交互艺术:介绍交互艺术的概念和应用,包括交互式装置、互动式表演等。

新媒体艺术:介绍新媒体艺术的概念和应用,包括计算机艺术、网络艺术等。

艺术科技创新:探讨艺术与科技融合对艺术和科技的创新带来的影响和挑战。

教师准备以下教学资源。

教学视频:通过录制教学视频,让学生可以自由选择时间和地点进行学习。

课件资料:通过提供课件资料,让学生更好地理解课程内容,同时提供案例和实践环节。

在线平台:通过利用在线平台,让学生可以进行艺术与科技实践和在线交流。

教师采用以下评估方式。

课堂测验:通过对课程内容进行测验,检测学生对知识的掌握情况。

作品创作:通过布置艺术与科技的作品创作,检测学生的应用能力和创新能力。

期末考试:每学期进行一次考试,检测学生的学习成果和掌握情况。

教师采用以下在线互动方式。

讨论区:通过利用在线讨论区,让学生进行课程相关的讨论、提问和答疑。

教学群:通过利用在线教学群,让学生可以随时向教师提问和交流。

在线答疑:教师提供在线答疑服务,帮助学生解决问题和提高成绩。

2. 在线教学方法

在在线教学中,教师采用以下教学方法,其概念图如图 4.26 所示。

理论教学:通过提供教学视频和课件资料等方式,让学生通过理论方式学习艺术与科技的交互关系、数字艺术、交互艺术、新媒体艺术等方面的知识,理解艺术与科技融合的各个方面和变化。

实践教学:通过提供案例和实践环节,让学生深入了解艺术与科技的应用和实际场

图 4.26　艺术欣赏与现代科技在线教育

景,培养创新和解决实际问题的能力及思维。

在线讨论和交流:通过采取讨论区、教学群、在线答疑等方式,促进学生与教师之间的交流和互动,及时解决学生的疑惑和问题,提升学习效果。

独立学习和自我评估:通过艺术与科技的作品创作、课堂测验、分析作业和期末考试等方式,促进学生独立学习和自我评估,提升学习效果和成果。

4.11.3　"高新科技中的计算机技术"课程的在线教学案例

1. 在线教学设计

该课程旨在让学生通过在线学习了解计算机技术在高新科技领域的应用,掌握计算机科学和技术的基本原理和方法,提高学生的计算机应用能力和创新能力。课程包括以下内容。

计算机在高新科技中的应用:详细介绍计算机在机械、土木建筑、道桥、电子电气、财经管理、教育、能源动力、航空航天、医疗、融媒体等方面的实际应用。

计算机网络技术:介绍网络技术的基本概念和应用,包括网络通信协议、网络安全、网络管理和云计算等。

数据库技术:介绍数据库技术的基本概念和应用,包括关系数据库、非关系数据库、数据挖掘和数据分析等。

编程语言:介绍常见的编程语言和开发工具,包括Java、C++、Python等。

高新技术与计算机应用:探讨高新技术如何应用于计算机领域,如人工智能、大数据、物联网等。

教师准备以下教学资源。

教学视频：通过录制教学视频，让学生可以自由选择时间和地点进行学习。

课件资料：通过提供课件资料，让学生更好地理解课程内容，同时提供案例和实践环节。

在线平台：通过利用在线平台，让学生可以进行计算机科学和技术实践和在线交流。

教师采用以下评估方式。

课堂测验：通过对课程内容进行测验，检测学生对知识的掌握情况。

编程作业：通过布置编程作业，检测学生的编程能力和应用能力。

期末考试：每学期进行一次考试，检测学生的学习成果和掌握情况。

教师采用以下在线互动方式。

讨论区：通过利用在线讨论区，让学生进行课程相关的讨论、提问和答疑。

教学群：通过利用在线教学群，让学生可以随时向教师提问和交流。

在线答疑：教师提供在线答疑服务，帮助学生解决问题和提高成绩。

2. 在线教学方法

在在线教学中，教师采用以下教学方法，其概念图如图 4.27 所示。

图 4.27　高新科技中的计算机技术在线教育

理论教学：通过提供教学视频和课件资料等方式，让学生通过理论方式学习计算机科学和技术的基本原理和方法，掌握计算机体系结构、操作系统、数据结构和算法等方面的知识，理解计算机科学和技术的各个方面和变化。

实践教学：通过提供案例和实践环节，让学生深入了解计算机技术在高新科技领域的应用和实际场景,培养编程和解决实际问题的能力及思维。

在线讨论和交流:通过采取讨论区、教学群、在线答疑等方式,促进学生与教师之间的交流和互动,及时解决学生的疑惑和问题,提升学习效果。

独立学习和自我评估:通过编程作业、课堂测验、分析作业和期末考试等方式,促进学生独立学习和自我评估,提升学习效果和成果。

4.11.4 "英语语言学"课程的在线教学案例

1. 在线教学设计

教师明确以下学习目标。

熟悉英语语言学的基本概念、理论和方法。
掌握语音、语法、词汇和语用学等方面的知识。
能够分析和理解英语语言的各个方面和变化。
提高英语学习和教学的能力和水平。

教师根据学习目标,设计以下课程内容。

英语语音学:介绍英语语音的基本理论和方法,包括发音、音节和重音等方面的知识。

英语语法学:介绍英语语法的基本概念、分类和应用,包括句子结构、时态和语态等方面的知识。

英语词汇学:介绍英语词汇的分类和使用,包括词根、前缀和后缀等方面的知识。

英语语用学:介绍英语语用学的基本原理和方法,包括语境、话语行为和交际策略等方面的知识。

教师准备以下教学资源。

教学视频:通过录制教学视频,让学生可以自由选择时间和地点进行学习。

课件资料:通过提供课件资料,让学生更好地理解课程内容,同时提供案例和实践环节。

在线平台:通过利用在线平台,让学生可以进行英语语言实践和在线交流。

教师采用以下评估方式。

课堂测验:通过对课程内容进行测验,检测学生对知识的掌握情况。
分析作业:通过布置分析作业,检测学生的英语分析和判断能力。
期末考试:每学期进行一次考试,检测学生的学习成果和掌握情况。

教师采用以下在线互动方式。

讨论区：通过利用在线讨论区，让学生进行课程相关的讨论、提问和答疑。

教学群：通过利用在线教学群，让学生可以随时向教师提问和交流。

在线答疑：教师提供在线答疑服务，帮助学生解决问题和提高成绩。

2. 在线教学方法

在在线教学中，教师采用以下教学方法，其概念图如图 4.28 所示。

图 4.28　英语语言学在线教育

理论教学：通过提供教学视频和课件资料等方式，让学生通过理论方式学习英语语言学的基本概念、理论和方法，掌握英语语音、语法、词汇和语用学等方面的知识，理解英语语言的各个方面和变化。

案例教学：通过提供真实案例和实践环节，让学生深入了解英语语言学的应用和实际场景，培养分析和解决实际问题的能力及思维。

在线讨论和交流：通过采取讨论区、教学群、在线答疑等方式，促进学生与教师之间的交流和互动，及时解决学生的疑惑和问题，提高学习效果。

独立学习和自我评估：通过课堂测验、分析作业和期末考试等方式，促进学生独立学习和自我评估，提高学习效果和成果。

思考题

1. 在线教学设计中，如何设定明确的学习目标以提升学生的学习效果？
2. 在线教学方法中，协作学习如何促进学生的互动和提高合作能力？
3. 在线教学中如何促进学生的自主学习能力培养？
4. 个性化学习如何适应不同学生的学习需求和能力水平？

课程论文研究方向

1. 在线教学设计中的学习目标设定与教学实践研究。
2. 基于协作学习的在线教学方法与效果评估。
3. 在线教学环境中的自主学习支持与学习动力研究。
4. 基于个性化学习的在线教学模式与学习成效评估。

第 5 章　个性化与自适应学习

在这一章中,我们将深入探讨在线教育中的个性化和自适应学习。个性化和自适应学习是当前教育技术发展的重要趋势,它们可以帮助提升学习效果,适应不同学生的学习需求。

首先,我们将讨论在线教育平台实现个性化和自适应学习的几个主要方式。通过这些方式平台可以帮助学生按照自己的学习节奏和能力进行学习,同时也可以根据学生的学习需求和兴趣提供个性化的学习资源。

其次,我们将通过一系列的案例,展示个性化学习路径和自适应学习在各个领域和课程中的应用。这些案例涵盖了从在线英语教育平台,到大学专业教育,再到幼儿教育和家庭教育等各个层面,展现了个性化学习和自适应学习的广泛应用和实践。

最后,我们将提供一些在线教育的个性化学习和自适应学习的问卷调查示例,包括大学教师和大学生的认识程度的问卷,以及针对不同课程的个性化或自适应的问卷。这些问卷可以帮助教育工作者了解学生对个性化学习和自适应学习的需求和态度,从而更好地进行教学设计和实施。

本章旨在帮助读者理解和掌握个性化和自适应学习的理论和实践,以期提升在线教育的效果。

5.1　在线教育平台实现个性化和自适应学习路径

5.1.1　在线教育平台实现个性化学习的方式

在线教育平台可以通过分析学生的学习历史、学习目标、兴趣爱好等信息,为每个学生设计个性化的学习路径(见图 5.1),具体可以采用以下几种方式。

图 5.1　智能推荐

问卷调查:平台可以设计针对不同年龄段、专业和兴趣爱好的问卷,收集学生的信息和需求,为其定制个性化学习路径。

学习历史:平台可以通过分析学生的学习历史,了解其学习水平和兴趣爱好,根据这些信息为其定制学习路径。

学习目标:平台可以让学生设置自己的学习目标,并根据这些目标为其定制个性化学习路径。

5.1.2　在线教育平台实现自适应学习的方式

在线教育平台可以根据学生的学习表现和反馈,自动调整学习内容和难度,以满足不同学生的需求,具体可以采用以下几种方式。

学习表现:平台可以通过分析学生的学习表现,如作业成绩、在线测试成绩、学习时长等,来自动调整学习内容和难度。

学习反馈:平台可以让学生反馈学习内容和难度,根据学生的反馈自动调整学习内容和难度。

人工智能技术:平台可以利用人工智能技术,对学生的学习表现和反馈进行分析和处理,自动调整学习内容和难度。

5.2 在线教育平台实现个性化和自适应学习案例

5.2.1 某英语在线教育平台的个性化学习路径设计

首先,学生需要进行语言能力自测,测试结果将会给出一个学习路径。

根据测试结果,学生会被分为不同的水平组别,如入门、中级、高级等,每个组别的学习内容和难度都不同。

对于每个学生,平台会记录其学习历史、学习兴趣、学习目标等信息,并根据这些信息为其推荐最适合的学习内容。

在学习过程中,学生的学习表现会被记录下来,并根据学习表现调整学习内容和难度,确保学生能够在适当的难度下进行学习。

平台还提供了各种学习工具和资源,如课程视频、教材、学习笔记等,学生可以根据自己的需求和学习进度,自由选择使用。

通过个性化的学习路径设计,学生可以根据自己的实际情况和学习进度,选择最适合自己的学习内容和难度,提高学习效率和质量。

5.2.2 大学专业教育中个性化和自适应学习路径设计

在大学专业教育中,个性化和自适应学习可以通过以下方式体现。

课程设置方面,可以针对不同学生的需求和能力,设计不同难度和深度的课程模块,以满足不同学生的需求。同时,还可以设置选修课程,让学生可以选择自己感兴趣的课程进行深入学习。

教学方式方面,可以采用多种教学方式,如面对面授课、在线视频、实践教学等,让学生可以选择最适合自己的教学方式进行学习。

学习资源方面,可以提供多样化的学习资源,如教材、课件、案例分析、实验设备等,以满足不同学生的学习需求。

自适应评估方面,可以通过定期的考试、作业、实验等形式对学生的学习成果进行评估,并根据评估结果对学生的学习计划和教学方式进行调整,以提高学生的学习效果。

个性化辅导方面,可以提供个性化辅导服务,如教师答疑、学术指导、职业规划等,帮助学生解决学习和职业发展方面的问题。

智能化支持方面,可以利用人工智能技术,为学生提供智能化的学习支持,如自适应学习系统、学习计划推荐、个性化的学习路径设计等,以提高学生的学习效果和体验。

5.2.3 计算机类专业群的个性化和自适应学习

1. 重点理解和实践的领域

编程语言学习:计算机科学的一个核心领域是编程,而掌握一门或多门编程语言是非常关键的。学生应根据个人兴趣、目标领域或就业市场需求来选择编程语言,如Python、Java、C++或者JavaScript等。同时,一种有效的学习方法是通过项目实践,不仅可以将所学知识用于实际问题解决,还可以在过程中逐渐理解和熟悉编程概念。

算法和数据结构:这是计算机科学的基础知识,对于编程和解决复杂问题都非常重要。个性化学习可以通过学习各种类型的算法(如排序算法、搜索算法等)和数据结构(如数组、链表、树、图等)来进行,而自适应学习则可以根据学生的理解进度和能力来调整学习内容和难度。

计算机系统和网络:了解计算机系统、操作系统、数据库、网络等也是非常重要的。这些知识对于理解计算机的工作原理和编程的底层机制都非常有帮助。学生可以根据个人兴趣和目标来选择学习内容,同时也可以通过模拟或实际项目来实践所学知识。

人工智能和机器学习:这是计算机科学的一个热门领域,也是未来发展的方向。学生可以通过学习机器学习的基本概念、算法和应用来深入理解这个领域。此外,通过参与实际项目或使用机器学习框架(如 TensorFlow、PyTorch 等)可以提高理解和应用能力。

软件工程和开发实践:理解如何设计、编写、测试和维护软件是非常重要的。这需要掌握软件开发生命周期、开发方法(如敏捷开发)以及软件版本控制(如 Git)。对于这一部分,学生可以通过参与开源项目,或者自己创建项目进行实践学习。

以上的学习方法可以根据各个学生的个人兴趣、目标和能力进行调整和优化,从而实现个性化和自适应学习,概念图如图 5.2 所示。同时,不断的反馈和评估也是保证学习效果的重要环节。

2. 教育设计体现方式

个性化的学习路径设计:个性化的学习路径是根据学生的学习能力和兴趣,为其量身定制的学习路线图。在计算机专业教育中,可以根据学生的编程经验、数学基础、学习目标等因素,设计不同难度和深度的课程模块,以适应不同学生的学习需

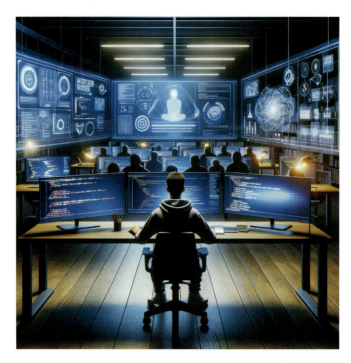

图 5.2　计算机类专业群的个性化和自适应学习

求。在在线编程学习平台中,个性化学习路径可以根据学生的编程水平和学习目标,为其提供合适的编程课程和项目,以帮助其逐步提高编程能力和解决实际问题。

自适应学习内容设计:自适应学习内容是根据学生的学习进度和表现,自动调整难度和内容的学习内容。在计算机专业教育中,可以通过在线编程学习平台、自适应学习系统等方式,根据学生的学习表现自动调整难度和内容,以满足不同学生的学习需求。例如,在编程学习平台中,系统可以根据学生的编程水平和表现,为其推荐适合其水平和兴趣的编程课程,同时在学习过程中自适应调整难度和内容,以提高学生的学习效果。

多样化的学习资源:为了满足不同学生的学习需求,计算机专业教育需要提供多样化的学习资源。在线编程学习平台可以提供在线视频、教材、代码库、实验环境等多种学习资源,以便学生根据自身情况选择最适合自己的学习方式。此外,可以为学生提供一些课外学习资源,如学术论文、技术博客、开源项目等,以帮助学生了解更多的计算机知识和技术。

多元化的教学方式:计算机专业教育需要采用多元化的教学方式,以便学生选择最适合自己的教学方式进行学习。除了传统的面对面授课,还可以采用在线视频、实践教学、项目实践等方式,以帮助学生更好地掌握计算机知识和技能。

自适应评估:为了评估学生的学习效果和进度,计算机专业教育需要进行定期的评估。自适应评估是根据学生的学习进度和表现,自动调整评估内容和难度的评估方式。在计算机专业教育中,可以采用在线测验、项目评估、代码审查等方式进行自适应评估。例如,在编程学习平台中,系统可以根据学生的编程水平和表现,为其提供适合其水平和兴趣的编程项目,同时对其代码进行自动评估或人工评估,以帮助学生及时发现自身存在的问题并加以改进。

智能推荐系统:智能推荐系统是根据学生的学习历史、学习兴趣等因素,为其推荐合适的学习内容和课程。在计算机专业教育中,可以利用智能推荐系统为学生推荐适合其水平和兴趣的编程课程、项目和学习资源,以帮助其更快地提高编程能力和解决实际问题。例如,在编程学习平台中,系统可以根据学生的编程历史、学习目标等因素,为其推荐适合其水平和兴趣的编程项目和学习资源。

5.2.4 机械类专业群的个性化和自适应学习

1. 重点理解和实践的领域

基础理论知识:基础理论知识包括力学、热力学、材料科学等,这是机械工程的基础。根据个人的理解能力和兴趣,学生可以选择深入学习某些特定的理论或者广泛掌握各类理论。同时,为了更好地理解理论,实验操作和模拟演示是非常有效的学习方法。

设计和建模:设计和建模是机械工程中非常重要的部分,例如CAD(计算机辅助设计)和CAM(计算机辅助制造)。学生可以通过项目实践或者参与设计竞赛来提高设计和建模的能力。

制造技术和机械操作:理解和掌握各种制造技术和机械操作是机械工程专业学生学习的重要学习任务。这包括机床操作、CNC编程、焊接技术等。通过实际操作和实践,学生可以更深入地理解和掌握这些技术和操作。

机器人技术:机器人技术是机械工程的一个重要分支,也是未来发展的方向。学生可以学习机器人设计、控制系统、机器人编程等知识。通过参与机器人项目或者竞赛,学生可以提高理解和应用机器人技术的能力。

维护和故障诊断:了解和掌握各种机械设备维护和故障诊断方法也是非常重要的。学生可以通过实际操作和模拟练习来提高这方面的技能。

以上的学习方法可以根据各个学生的个人兴趣、目标和能力进行调整和优化,以实现个性化和自适应学习,概念图如图5.3所示。同时,实时反馈和评估也是保证学习效果的重要环节。

2. 教育设计体现方式

个性化的学习路径设计:针对机械类专业学生的不同兴趣和特长,可以通过设计不

图 5.3　机械类专业群的个性化和自适应学习

同的学习路径来满足学生的个性化需求。例如,在机械设计制造及其自动化专业中,学生可以根据个人兴趣和未来职业规划选择不同的方向,如机械设计、自动化控制、数字化制造等方向。同时,学校可以根据学生的水平和需求,为其提供不同的选修课程和实践机会,以帮助学生更好地发掘自身潜力并做出正确的职业规划。

自适应学习内容设计:在机械类专业中,不同学生的学习背景和基础不同,需要针对其不同的需求和水平提供自适应学习内容。例如,在材料科学与工程专业中,学生可以根据自身的需求和水平选择不同难度和类型的材料学习资源,如材料测试实验、材料表征、材料加工等内容。同时,机械类专业也涉及很多实践环节,学校可以根据学生的水平和需求,设计不同难度和类型的实践项目和实验内容,以帮助学生更好地掌握机械类专业的知识和技能。

多样化的学习资源:机械类专业需要使用很多不同类型的学习资源,例如图纸、技术文献、机械零部件等,学校可以为学生提供多样化的学习资源,以帮助学生更好地掌握机械类专业的知识和技能。例如,在车辆工程专业中,学生可以通过使用三维建模软件和汽车维修手册等资源来学习汽车构造和维修知识。

多元化的教学方式:机械类专业的教学需要采用多元化的教学方式,例如讲授、实验、课程设计等方式,以满足学生不同的学习需求。例如,在机器人工程专业中,学生需要通过设计和制作机器人来学习机器人控制和机械设计等知识,学校可以为学生提供不同类型和难度的实验项目,以帮助学生更好地掌握机器人工程的知识和技能。

智能推荐:机械类专业需要学习很多基础知识,例如数学、物理等,同时也需要学习很多专业知识。学校可以通过智能推荐系统,根据学生的学习记录和需求,为其推荐适合其水平和需求的学习资源,以帮助学生更好地学习机械类专业的知识和技能。

5.2.5 电气与电子信息类专业群的个性化和自适应学习

1. 重点理解和实践的领域

基础电子和电路理论:电子和电路理论是电子信息与电气工程的基础,包括电路分析、电磁场理论、模拟电路和数字电路等。根据学生的能力和兴趣,可以选择更深入地学习某一领域或广泛地学习各类理论。实验和项目实践是非常有效的学习方式,可以帮助学生更好地理解理论并将理论应用到实际问题中。

电气系统和控制:电气系统设计和控制是电气工程的重要部分,包括电力系统、电机控制、自动控制理论等。个性化学习和自适应学习可以通过设计和实施实际的电气系统项目来进行,例如设计和搭建自己的电机控制系统。

信号处理和通信技术:这是电子信息与电气工程中非常重要的部分,包括模拟和数字信号处理、无线通信、光通信等。通过项目实践和案例分析,学生可以更深入地理解和掌握这些知识,并学会如何将这些知识应用到实际问题中。

嵌入式系统和微处理器:嵌入式系统和微处理器是电子信息与电气工程中的一个重要领域,也是未来发展的方向。学生可以通过学习和实践嵌入式系统设计和编程、微处理器原理和应用等内容来提高自己在这个领域的技能。

电子系统设计:电子系统设计包括硬件设计和 PCB 布局设计等。学生可以通过设计和制造自己的电子设备或系统来提高这方面的技能。

以上的学习方法可以根据各个学生的个人兴趣、目标和能力进行调整和优化,以实现个性化和自适应学习,概念图如图 5.4 所示。同时,定期反馈和评估也是保证学习效果的重要环节。

图 5.4 电气与电子信息类专业群的个性化和自适应学习

2. 教育设计体现方式

学习者画像：学校可以通过学习者画像技术对学生的学习情况进行分析，了解学生的学习风格、学习兴趣、学习习惯等信息，为学生提供个性化的学习资源和学习方式。

自适应课程设计：电气与电子信息类专业群的课程内容较为复杂，学生的学习能力和兴趣也不同，因此需要针对学生的需求进行自适应课程设计。学校可以根据学生的学习进度、知识点掌握情况等信息，对课程内容进行调整和优化，以帮助学生更好地掌握知识。

多样化的教学资源：学校可以为学生提供多样化的教学资源，例如网络课程、在线实验、虚拟仿真等，以满足不同学生的需求和兴趣。

实践教学：电气与电子信息类专业群的课程内容和实践技能密切相关，因此需要开展实践教学。学校可以为学生提供实验室和工作室等实践场所，同时根据学生的兴趣和专业方向设计不同类型的实验项目，以帮助学生更好地掌握知识和技能。

智能推荐：学校可以通过智能推荐系统，根据学生的学习记录和需求，为其推荐适合其水平和需求的学习资源，以帮助学生更好地学习电气与电子信息类专业的知识和技能。

5.2.6 土木建筑类专业群的个性化和自适应学习

1. 重点理解和实践的领域

基础理论和应用知识：包括力学、材料学、建筑理论等基础知识。个性化学习可以根据学生的个人兴趣和理解能力，选择深入学习某一特定领域或全面理解各类理论。同时，进行模拟练习和实际项目实践，帮助学生更好地理解和运用这些理论。

建筑设计与绘图：建筑设计和建筑绘图是土木建筑专业非常重要的一部分，包括CAD绘图、建筑设计理论、建筑风格等。个性化学习可以根据学生的兴趣和设计才能，选择特定类型的建筑（如住宅、商业空间、公共设施等）进行设计练习。同时，可以参加建筑设计竞赛，提高设计技巧和培养创新思维。

施工管理和技术：理解和掌握施工过程的管理和技术也是非常重要的，包括施工计划、施工技术、项目管理等。学生可以通过模拟项目和实地考察，深入理解和实践施工管理和技术。

建筑环境与设施：建筑环境与设施包括建筑物的照明、通风、供暖、制冷、消防等系统设计和安装。学生可以通过实践项目和模拟练习，理解和掌握这些设施的设计和运行原理。

可持续建筑与绿色设计：这是一个热门且具未来发展趋势的领域，包括节能设计、环保材料、绿色建筑等。学生可以通过研究和设计实践，了解并掌握可持续建筑的设计原理和技术。

以上的学习方式可以根据各个学生的个人兴趣、目标和能力进行调整和优化，实现个性化和自适应学习，概念图如图 5.5 所示。同时，实时反馈和评估也是保证学习效果的重要环节。

图 5.5　土木建筑类专业群的个性化和自适应学习

2. 教育设计体现方式

学习者画像：学校可以通过学习者画像技术对学生的学习情况进行分析，了解学生的学习风格、学习兴趣、学习习惯等信息，为学生提供个性化的学习资源和学习方式。例如，根据学生的兴趣，将学生分成土建设计方向、工程施工方向等不同群体，为不同群体提供不同的课程、教材和案例，以满足不同学生的需求。

自适应课程设计：土木建筑类专业群的课程内容较为复杂，学生的学习能力和兴趣也不同，因此需要针对学生的需求进行自适应课程设计。学校可以根据学生的学习进度、知识点掌握情况等信息，对课程内容进行调整和优化，以帮助学生更好地掌握知识。

多样化的教学资源：学校可以为学生提供多样化的教学资源，如网络课程、在线实验、虚拟仿真等，以满足不同学生的需求和兴趣。例如，为学生提供可视化的建筑设计软件，以便学生更好地理解建筑设计的概念和原理。

实践教学：土木建筑类专业群的课程内容和实践技能密切相关，因此需要开展实践教学。学校可以为学生提供实验室和工作室等实践场所，同时根据学生的兴趣和专业方向设计不同类型的实验项目，以帮助学生更好地掌握知识和技能。例如，为学生提供实地考察和建筑工地参观等实践教学活动，以便学生更好地理解建筑施工的过程和实践操作。

智能推荐：学校可以通过智能推荐系统，根据学生的学习记录和需求，为其推荐适合其水平和需求的学习资源，以帮助学生更好地学习土木建筑类专业的知识和技能。例如，为学生推荐基础知识的学习材料，或者针对学生的兴趣和专业方向推荐相关领域的进阶学习材料等。

个性化评价：针对学生的不同学习需求和学习兴趣，学校可以采用不同的评价方式和评价标准。例如，为兴趣广泛的学生提供更多的项目学习机会，而对于学术成绩优秀的学生则可以提供更多的学术研究和学术比赛机会，以满足不同学生的需求和兴趣。

5.2.7 财务管理类专业群的个性化和自适应学习

1. 重点理解和实践的领域

财务理论与实务：财务理论与实务包括财务管理、成本会计、财务会计等基础知识。个性化学习可以根据学习者的理解能力和兴趣，选择更深入地学习某一领域，或者广泛地学习各类理论。案例分析和模拟练习是非常有效的学习方式，可以帮助学习者更好地理解和运用这些理论。

投资与风险管理：投资与风险管理是财务管理的重要部分，包括投资理论、资本市场、风险评估等。个性化学习可以通过模拟投资游戏和案例分析来进行，以提高学习者的实际操作能力和风险管理能力。

税务与审计：税务与审计是财务管理中的重要领域，包括税法、审计理论、企业内部审计等。学习者可以通过模拟练习和案例分析，理解并掌握这些知识，并学会如何将这些知识应用到实际问题中。

财务分析与决策：财务分析与决策涉及企业财务状况评估和管理决策制定，包括财务报表分析、投资决策、融资决策等。学习者可以通过分析真实企业的财务报表和模拟决策情境，来提高自己的财务分析和决策能力。

企业财务软件应用：熟练掌握和运用财务软件（如 Excel、QuickBooks、SAP 等）对于财务管理专业学习者非常重要。学习者可以通过实际操作和项目实践，提高自己的软件应用能力。

以上的学习方法可以根据各个学习者的个人兴趣、目标和能力进行调整和优化，以实现个性化和自适应学习，概念图如图 5.6 所示。同时，实时反馈和评估也是保证学习效果的重要环节。

2. 教育设计体现方式

个性化课程设置：根据学生的学习需求和专业方向，学校可以设置不同的课程，并

图 5.6　财务管理类专业群的个性化和自适应学习

为学生提供选修课程和课程组合的机会,以满足不同学生的需求和兴趣。

学习内容个性化:在教学中,教师可以通过不同的方式和教学材料,为学生提供个性化的学习内容。例如,提供不同难度的案例研究、实践操作等,以满足不同学生的学习需求。

个性化的学习体验:通过在线教育平台,学生可以根据自己的学习进度和需求,自由选择学习方式和时间。教师可以通过在线问答、作业反馈等方式,为学生提供个性化的学习体验。

智能推荐:在线教育平台可以利用学生的学习记录和行为数据,为学生推荐适合其学习需求和兴趣的教学资源,如视频、文章、案例等。同时,通过数据分析,可以更好地了解学生的学习情况和问题,以提供更加个性化的帮助和支持。

进阶学习推荐:对于具有学术兴趣和研究能力的学生,教师可以推荐更高层次的学习资源和进阶课程,以帮助他们更好地掌握专业知识和技能。同时,也可以推荐相关的实习和实践机会,以提高学生的职业素养和实践能力。

个性化评价:针对学生的不同学习需求和学习兴趣,学校可以采用不同的评价方式和评价标准。例如,为兴趣广泛的学生提供更多的实践机会,而对于学术成绩优秀的学生则可以提供更多的研究机会,以满足不同学生的需求和兴趣。

5.2.8　管理类专业群个性化和自适应学习

1. 重点理解和实践的领域

基础管理理论与实务:包括组织行为、人力资源管理、战略管理等基础知识。个性化学习可以根据学习者的理解能力和兴趣,选择深入学习某一特定领域或全面理解各类理论。同时,案例分析和模拟练习是非常有效的学习方式,可以帮助学习者更好地理解和运用这些理论。

项目与运营管理：这涉及如何在一定的时间、预算和质量约束条件下，实现项目目标。个性化学习可以通过参与真实的或模拟的项目，了解并实践项目管理的理论和工具。

市场营销与销售：理解市场营销的基本概念、策略和工具，包括市场调研、产品定位、广告和销售等。学习者可以通过案例分析、角色扮演或者实地销售实践，提高营销和销售技巧。

财务管理：财务管理是所有管理专业学习者需要掌握的基本知识，包括财务分析、投资决策、融资决策等。通过模拟练习和案例分析，学习者可以深入理解和运用财务管理的知识。

领导力和沟通技巧：作为一个有效的管理者，领导力和沟通技巧是非常重要的。通过参加团队活动、演讲比赛或者领导力训练，学习者可以提高自己的领导力和沟通技巧。

以上的学习方式可以根据各个学习者的个人兴趣、目标和能力进行调整和优化，实现个性化和自适应学习，概念图如图 5.7 所示。同时，定期反馈和评估也是保证学习效果的重要环节。

图 5.7　管理类专业群个性化和自适应学习

2. 教育设计体现方式

学生自主选课：为学生提供丰富的课程选择，让学生可以按照自己的兴趣和需求选择自己感兴趣的课程。

定制化课程：在课程设置上，可以根据学生的实际情况，定制教学内容和教学方式。例如，在人力资源管理专业中，可以为有志于从事招聘岗位的学生设计更具针对性的课程，让学生可以更加深入地了解招聘流程和方法。

个性化的评估和反馈：在学生学习过程中，可以通过个性化的评估和反馈，帮助学生了解自己的学习状况和不足,并提供针对性的建议和指导。

智能化学习系统:采用智能化学习系统,可以根据学生的学习情况,自适应地调整学习内容和难度,让学生可以更加高效地学习。

智能推荐:在课程推荐方面,可以根据学生历史学习记录和兴趣爱好,智能推荐适合学生的课程和教材,提高学生的学习兴趣和效果。

个性化辅导和指导:在学生学习过程中,可以通过个性化的辅导和指导,帮助学生克服学习难点和解决学习问题,并提高学生的学习成效。

5.2.9 现代教育技术类专业群的个性化和自适应学习

1. 重点理解和实践的领域

教育理论和教育心理学:包括教育学基础理论、学习理论、教学方法等。学习者可以根据自己的兴趣和理解能力,选择深入学习某一特定领域或全面理解各类理论。同时,观察实际的教育环境和参与实际的教学活动可以帮助学习者更好地理解和运用这些理论。

教育技术应用:包括数字教育工具应用,如学习管理系统、在线协作工具、多媒体制作工具等。学习者可以通过实际操作和项目实践,提高自己的技术应用能力。

教育设计和开发:学习者可以理解并实践如何设计和开发有效的教育资源,包括在线课程、教育游戏、教学视频等。个性化学习可以根据学习者的兴趣和创新能力,选择特定类型的教育资源进行设计和开发。

教育评估和数据分析:教育评估和数据分析能力是非常重要的,包括学习评估、教学效果评估、学习数据分析等。学习者可以通过实际的评估项目和数据分析案例,提高自己的评估和分析能力。

教育政策和趋势:对教育政策的理解和对教育趋势的关注也是非常重要的。学习者可以通过研究和讨论,了解并掌握当前的教育政策和未来的教育趋势。

以上的学习方式可以根据各个学习者的个人兴趣、目标和能力进行调整和优化,实现个性化和自适应学习,概念图如图5.8所示。同时,定期反馈和评估也是保证学习效果的重要环节。

2. 教育设计体现方式

智能化学习系统:采用智能化学习系统,可以根据学生的学习情况,自适应地调整学习内容和难度,让学生可以更加高效地学习。

学习路径定制:为学生提供个性化的学习路径和建议,根据学生的兴趣和能力,提供更加适合的学习内容和教学方法。

图 5.8　现代教育技术类专业群的个性化和自适应学习

个性化评估和反馈:在学生学习过程中,可以根据个性化的评估和反馈,帮助学生了解自己的学习状况和不足,并提供针对性的建议和指导。

智能化推荐:根据学生的历史学习记录和兴趣爱好,智能推荐适合学生的课程和教材,提高学生的学习兴趣和效果。

资源自适应匹配:根据学生的学习需求,自动匹配最适合的学习资源,提供最好的学习体验。

个性化辅导和指导:在学生学习过程中,可以通过个性化的辅导和指导,帮助学生克服学习难点和解决学习问题,并提高学生的学习成效。

5.2.10　大学英语课程的个性化和自适应学习

1. 重点理解和实践的领域

词汇与语法:每个学生的英语词汇和语法基础可能会有所不同,个性化学习可以根据学生的实际水平,制定相应的词汇和语法学习计划,让学生在自己的水平上逐步提升。

听力和口语:听力和口语是英语学习中的关键部分。可以根据学生的实际水平,选择合适的音频材料进行听力训练,也可以通过模拟情景对话或者演讲训练,提高学生的口语能力。

阅读与写作:阅读和写作能力提高需要大量的实践。根据学生的实际水平,选择适合的阅读材料进行训练,并通过写作任务,让学生在实践中提高写作能力。

文化交际:理解和应用英语的过程,也是理解和适应英美等国的文化的过程。可以通过研究相关的文化背景,增加学生的文化素养和交际能力。

学术英语:对于一些特定的专业或者研究方向,可能需要更高级别的学术英语能力。个性化学习可以根据学生的学术需求,提供相关的学术文章阅读和学术报告写作训练。

英语考试培训:如果学生有英语考试(如托福、雅思、GRE 等)的需求,可以提供针对性的考试培训,包括考试技巧、模拟考试等。

以上的学习方式可以根据各个学习者的个人兴趣、目标和能力进行调整和优化,实现个性化和自适应学习,概念图如图 5.9 所示。同时,定期反馈和评估也是保证学习效果的重要环节。

图 5.9 大学英语课程的个性化和自适应学习

2. 教育设计体现方式

设立不同级别的英语课程:根据学生的英语水平,设置不同难度的英语课程,让学生在适合自己水平的课程中学习。

资源共享:将英语课程教材、学习资料、视频资源等共享给学生,让学生自由选择自己需要的学习资源进行学习。

灵活授课方式:教师可以采用不同的授课方式,如小组讨论、个人报告、听力训练等,让学生根据自己的兴趣和需求选择不同的学习方式。

智能化评估:通过智能化评估,分析学生的英语水平和掌握程度,提供针对性的学习计划和学习建议。

个性化辅导:教师可以针对不同学生的学习情况,提供个性化的辅导和指导,帮助学生解决自己的学习问题。

学习反馈:及时反馈学生的学习情况和学习效果,为学生提供有效的反馈和指导。

5.2.11　大学计算机应用课程的个性化和自适应学习

1. 重点理解和实践的领域

编程基础：根据学生的初始能力，提供不同层次的编程语言教学，如 Python、Java、C++等。初学者可以从更简单的编程语言开始，如 Python，而对编程有一定基础的学生可以选择更复杂的语言，如 C++。

计算机科学理论：包括数据结构、算法、计算机网络、操作系统等知识。这些知识可以根据学生的学习进度和理解能力，进行深入或者概括的学习。

软件应用：掌握一些基础软件应用，如 Office 套件、数据处理软件等，这对于所有大学生都是非常有用的。同时，可以根据学生的专业需求，教授一些专业相关的软件应用，如 CAD、MATLAB 等。

项目实践：参与项目实践是提高计算机应用能力的非常有效的方式。学生可以根据自己的兴趣和专业需求，选择不同类型的项目进行实践，如编程项目、数据分析项目、网页设计项目等。

计算思维：计算思维是一种解决问题的方法，包括抽象化、自动化等。学生可以通过解决实际问题，逐渐培养自己的计算思维能力。

以上的学习方式可以根据各个学习者的个人兴趣、目标和能力进行调整和优化，实现个性化和自适应学习，概念图如图 5.10 所示。同时，定期反馈和评估也是保证学习效果的重要环节。

图 5.10　大学计算机应用课程的个性化和自适应学习

2. 教育设计体现方式

不同课程设置：根据学生的背景和需求，设置不同的计算机应用课程，如 Excel、

Photoshop、C++等,让学生在适合自己的领域和需求的课程中学习。

灵活的教学形式:通过采用多种教学形式,如授课、实验、项目等,让学生在不同的教学环境下学习,提高学生的学习效果。

个性化辅导:根据学生的学习进度和问题,提供个性化的辅导和指导,帮助学生解决自己的学习问题。

智能化评估:通过智能化评估,分析学生的计算机应用水平和掌握程度,提供针对性的学习计划和学习建议。

自主学习:在教学过程中鼓励学生自主学习,通过网络和其他资源获取和分享信息,提高学生的自主学习和解决问题的能力。

学习反馈:及时反馈学生的学习情况和学习效果,为学生提供有效的反馈和指导。

5.2.12 大学思政类课程的个性化和自适应学习

大学思政类课程是为了培养学生的思想品德和社会责任感而设立的课程。在大学思政类课程中,同样需要运用个性化学习和自适应学习的教学策略,以满足不同学生的需求和提高教学效果。我们可以采取以下措施。

针对性教学:根据学生的背景、兴趣和需求,设置不同的课程内容和教学方法,让学生在适合自己的领域和需求的课程中学习。

多元化教学:通过多种教学方法和形式,如演讲、讨论、案例分析、读书报告等,让学生在不同的教学环境下学习,提高学生的学习效果。

个性化辅导:根据学生的学习进度和问题,提供个性化的辅导和指导,帮助学生解决自己的学习问题。

智能化评估:通过智能化评估,分析学生的思想品德和社会责任感水平和掌握程度,提供针对性的学习计划和学习建议。

自主学习:在教学过程中鼓励学生自主学习,通过网络和其他资源获取和分享信息,提高学生的自主学习和解决问题的能力。

学习反馈:及时反馈学生的学习情况和学习效果,为学生提供有效的反馈和指导。

5.2.13 幼儿教育中的个性化和自适应学习

在幼儿教育中,个性化教育是非常重要的一环。在幼儿阶段,每个孩子的发展状况和学习兴趣都不同,因此需要针对每个孩子的个性化需求,设计相应的教学方案。针对幼儿的个性化教育,可以从以下几个方面进行。

情境化教学:通过情境化教学,让孩子在真实的情境中体验和学习,更加符合孩子的认知特点和兴趣爱好。

多元化的教学资源:不同的幼儿对于学习资源的需求不同,因此可以针对孩子的不同需求,提供多元化的教学资源,比如绘本、游戏、玩具等。

全方位的评估:针对每个孩子的不同特点和需求,进行全方位的评估,了解孩子的优势和短板,制定个性化的教学方案。

个性化的教学设计:根据孩子的不同特点和需求,制定个性化的教学计划,包括教学内容、教学方法和教学评估。

合作学习:通过小组合作学习,可以让每个孩子在合作中得到锻炼和提升,也可以根据孩子的特点和需求,制定合适的合作学习方案。

家庭和社区融合:将家庭和社区纳入幼儿教育的教育体系中,可以为孩子提供更全面的学习资源和支持,也可以更好地满足每个孩子的个性化需求。

总之,幼儿教育中的个性化教育是非常重要的,可以让每个孩子在学习中获得更好的体验和收获,为孩子未来发展打下更坚实的基础。

5.2.14 家庭教育中的个性化和自适应学习

在家庭教育中,也需要考虑孩子的个性化需求。家庭教育中的个性化教育可以从以下几个方面进行,概念图如图 5.11 所示。

图 5.11 家庭教育中的个性化和自适应学习

理解孩子的个性:家长需要了解孩子的性格、兴趣爱好、能力水平等方面的特点,以此为基础制定相应的教育方案,以满足孩子的个性化需求。

创造良好的学习环境:为孩子创造适合他们学习和成长的环境,提供有助于孩子发展的学习资源和教育工具。

灵活的教学方式：根据孩子的学习特点和兴趣爱好，采用不同的教学方式，包括课堂教学、讨论、辅导等，以满足孩子的个性化需求。

个性化的家庭作业：根据孩子的兴趣爱好和能力水平，制定个性化的家庭作业，以帮助孩子更好地掌握知识和技能。

鼓励孩子的创造力和创新精神：给孩子提供多样化的学习机会和体验，鼓励他们发挥想象力、创造力和创新精神，以促进孩子个性化发展。

鼓励孩子参与家庭活动：让孩子参与家庭生活中的各种活动，比如烹饪、打扫卫生、园艺等，以锻炼孩子的动手能力和实践能力。

总之，家庭教育中的个性化教育可以帮助孩子更好地发展自己的潜力，实现自我价值，让孩子在成长过程中获得更多的自信和成就感。

以下问卷题目旨在了解家庭中是否有针对孩子的个性化和自适应教育的措施和行动，并从中找到改进的空间，以满足孩子的个性化需求。

(1) 您的孩子年龄多大？

(2) 您是否了解孩子的个性、兴趣、特长和能力？

(3) 在孩子的学习中，您是否根据孩子的个性化需求采用不同的教育方式？

(4) 您是否为孩子创造了适合他们学习和成长的环境？比如，安排孩子参加兴趣班、运动班、音乐课等。

(5) 您是否为孩子提供了个性化的家庭作业？

(6) 您是否鼓励孩子发挥创造力和创新精神？比如，鼓励孩子自己制作玩具或者参加一些创新竞赛。

(7) 您是否定期与孩子交流，了解他们在学习和成长中的困难和问题，并给予相应的帮助和支持？

(8) 您是否鼓励孩子参与家庭活动，比如烹饪、打扫卫生、园艺等，以锻炼孩子的动手能力和实践能力？

(9) 您是否为孩子提供了多样化的学习机会和体验，比如参观博物馆、旅游等？

(10) 您是否认为您的教育方式已经满足了您孩子的个性化需求？

5.3 关于个性化和自适应学习的问卷调查示例

5.3.1 大学教师对个性化和自适应学习认识程度的问卷示例

(1) 您是否了解您所教授的学生的个性、兴趣、特长和能力？

(2)您是否在教学中考虑学生的个性化需求,并根据不同学生的需求采取不同的教学策略?

(3)您是否根据学生的表现和学习情况,对课程内容、教学方法进行自适应调整?

(4)您是否鼓励学生发挥创造力和创新精神?比如,鼓励学生参与课外项目或者参加创新竞赛。

(5)您是否定期与学生交流,了解他们在学习和成长中的困难和问题,并给予相应的帮助和支持?

(6)您是否为学生提供了多样化的学习机会和体验,比如参观博物馆、实地考察等?

(7)您是否在教学中注重个性化评价,考虑学生的特长和优势,并针对不同学生进行差异化评价?

(8)您是否认为您的教学方式已经满足了学生的个性化需求?

以上问题旨在了解教师是否具有个性化和自适应学习的教学意识和行动,并从中找到改进的空间,以满足学生的个性化需求。

5.3.2 大学生对个性化和自适应学习认识程度的问卷示例

(1)您是否在选择专业时考虑了自己的兴趣、优势和发展方向?

(2)您是否对自己的学习方式和习惯进行过评估,并做出了相应的调整?

(3)您是否在学习中尝试过不同的学习方法,并找到了适合自己的方法?

(4)您是否与教师和同学进行过交流,了解自己在学习中的困难和问题,并尝试寻找解决方法?

(5)您是否参加过课外活动、实习或社会实践,并从中获得了有益的经验和启示?

(6)您是否已经制定了个人职业规划,并在学习和实践中积累了相关的经验和技能?

(7)您是否已经建立了自己的学习目标,并在学习过程中持续追求和调整?

(8)您是否认为自己已经掌握了足够的专业知识和技能,能够胜任未来的工作和发展?

以上问题旨在了解学生是否具有个性化和自适应学习的意识和行动,并从中找到改进的空间,以更好地发展自己的职业和人生。问卷可以在学生入学前、入学后和毕业前进行,以反映学生在不同阶段的个性化和自适应学习情况。同时,问卷结果可以为学校和教师提供有益的反馈和指导,以更好地满足学生的个性化需求。

5.3.3 关于高等数学课程个性化和自适应学习情况的问卷示例

(1)您在高等数学哪些内容的学习上感到困难?(可多选)

A. 代数运算　　　　B. 函数与极限　　　　C. 微积分　　　　D. 矩阵论

E. 偏微分方程　　　　F. 其他（请注明）

(2) 您喜欢哪种学习方式？（可多选）

A. 看教材自学　　　B. 上课听讲　　　C. 课下练习　　　D. 与同学讨论

E. 参加课外辅导　　F. 其他（请注明）

(3) 您的数学基础如何？（可多选）

A. 很好　　　　　　B. 一般　　　　　C. 需要加强　　　D. 很弱

(4) 您希望老师在课程中提供哪些帮助？（可多选）

A. 针对性的练习　　　　　　　　　B. 更多的例题和解题思路

C. 实际应用中的数学问题　　　　　D. 与同学合作解题

E. 课外辅导和指导　　　　　　　　F. 其他（请注明）

(5) 您觉得自己需要哪些方面的帮助来提高数学成绩？（可多选）

A. 更多的练习　　　B. 增强基础知识　　C. 提高解题能力

D. 学习更多的数学知识　　　　　　E. 其他（请注明）

(6) 您觉得自己有哪些方面比较擅长？（可多选）

A. 代数运算　　　　B. 函数与极限　　　C. 微积分　　　　D. 矩阵论

E. 偏微分方程　　　F. 其他（请注明）

(7) 您希望老师在评分时，更注重哪些方面的表现？（可多选）

A. 课堂表现　　　　B. 作业表现　　　　C. 期中期末考试表现

D. 课外科研表现　　E. 其他（请注明）

通过以上问题，教师可以更了解学生的学习情况和需求，从而制定更加个性化的教学计划和教学方法，为学生提供更好的学习体验和成长机会。同时，学生也可以更清楚地了解自己的学习状态和需要，有针对性地提高自己。

5.3.4　关于汇编语言课程个性化和自适应学习情况的问卷示例

(1) 您对汇编语言的熟悉程度如何？（选择一个）

A. 完全不熟悉　　　　　　　　　　B. 有一定的基础

C. 掌握了基本的语法和指令　　　　D. 精通并能够自行编写程序

(2) 您对计算机体系结构的理解程度如何？（选择一个）

A. 完全不了解　　　　　　　　　　B. 有一定的基础

C. 了解主要的组成部分和功能　　　D. 深入了解和掌握计算机体系结构

(3) 您是否已经学习过其他编程语言？（选择一个）

A. 没有学习过　　　　　　　　　　B. 有一定的基础

C. 掌握了其他编程语言　　　　　　D. 精通多种编程语言

(4) 您的学习目的是什么？（选择一个或多个）

A.学术研究　　　　B.职业发展　　　　C.兴趣爱好　　　　D.其他(请注明)

(5)您希望在课程中学习什么方面的内容？（选择一个或多个）

A.汇编语言的基本概念和语法　　　　B.汇编语言的应用场景

C.汇编语言程序编写和调试　　　　　D.汇编语言程序优化

E.其他(请注明)

(6)您对课程难度的期望是什么？（选择一个）

A.非常容易　　　　B.适中　　　　C.非常具有挑战性

(7)您希望如何获得教材和学习资源？（选择一个或多个）

A.传统的纸质教材　　　　　　　　B.数字化的电子教材

C.在线课件和视频教程　　　　　　D.开放式教材和网上资源

E.其他(请注明)

(8)您对课程的互动和反馈方式有何要求？（选择一个或多个）

A.线上答疑和讨论　　　　　　　　B.线下面对面的交流

C.作业批改和评价　　　　　　　　D.题目解析和示范程序

E.其他(请注明)

(9)您希望如何评估自己的学习成果？（选择一个或多个）

A.考试和测验　　　　　　　　　　B.课堂作业和小组讨论

C.项目和实践任务　　　　　　　　D.个人总结和自我评估

E.其他(请注明)

以上问题旨在了解学生的个性化需求和学习背景，以便为他们提供定制化的教育体验。

5.3.5　关于大学英语课程个性化和自适应学习情况的问卷示例

(1)在哪些方面您觉得自己的英语水平需要提高？

(2)您希望提高哪些技能？例如阅读、写作、口语、听力等。

(3)您是否希望在学习英语的过程中获得更多的反馈和指导？

(4)您喜欢哪种类型的课程？例如讲座、小组讨论、实践课等。

(5)您在学习英语的过程中最喜欢的学习方式是什么？例如自主学习、团体学习、个别辅导等。

(6)您是否希望学习更多的专业术语和文化背景知识？

(7)您认为哪些方面是您在学习英语中的优势？例如词汇量、语法知识、口语表达等。

(8)您是否有任何特殊需求或要求？例如学习障碍、残疾、个人兴趣等。

(9)您希望老师在哪些方面给您提供更多的支持和帮助？

(10)您希望在哪些方面得到更多的挑战和提高？例如阅读难度、写作难度、口语难度等。

以上问题将帮助学生识别他们的强项和需求,并帮助教师设计出最适合学生自身情况的学习计划。例如,如果一个学生认为他需要提高口语技能,那么教师可以提供更多的口语练习和课堂互动,以满足其需求。同样,如果一个学生在阅读方面表现出色,教师可以提供更具挑战性的阅读材料来帮助他进一步提高。这些个性化和自适应的措施可以提高学生的学习效率和满意度,让他们更快乐地学习英语。

5.3.6 大学新生对个性化和自适应学习认识程度的问卷示例

(1)在选择专业时,您更注重哪些方面?

A. 自己的兴趣和爱好　　　　　　B. 就业前景和薪资水平

C. 专业对社会的贡献　　　　　　D. 专业的学科实力和难度

(2)您认为自己的学习兴趣和适应能力属于以下哪种类型?

A. 喜欢独立思考、探索、实践,适应能力强

B. 喜欢交流、合作、分享,适应能力强

C. 喜欢按部就班、规划、执行,适应能力一般

D. 喜欢被指导、规范、安排,适应能力较差

(3)您希望大学辅导员提供哪些方面的帮助?

A. 个人成长、自我认知和情感管理方面的指导

B. 学习方法、时间管理和学科知识方面的指导

C. 社交、沟通和人际关系方面的指导

D. 就业、实习和职业规划方面的指导

(4)在学习和生活中,您最常面临哪些挑战和困难?

A. 学习上的困难,如专业知识不足、作业压力大等

B. 时间和精力不足,导致学习和生活无法平衡

C. 情绪波动、自我怀疑和焦虑等心理问题

D. 社交难题、人际矛盾、适应困难等方面的问题

(5)您对大学生活中哪些方面最感兴趣?

A. 学术科研、学科竞赛和学术活动等

B. 社会实践、公益志愿者和社团活动等

C. 体育运动、健身休闲和旅游探险等

D. 文化艺术、校园文化和娱乐休闲等

通过以上问题,辅导员可以了解到学生的基本信息、学习需求和困难、社交情况、心理健康和兴趣爱好等方面的情况,为后续提供个性化的辅导和指导提供参考和依据。同时,问卷调查也可以帮助学校和教育机构更好地了解学生的需求和反馈,不断改进和优化教育服务,提高教育质量和满意度。

思考题

1. 在线教育平台如何实现个性化和自适应学习？
2. 请列举一些具体案例，说明在不同领域中如何实现个性化和自适应学习的设计和应用。
3. 个性化和自适应学习在大学专业教育中的应用是怎样的？请以计算机专业群和机械类专业群为例进行讨论。
4. 在个性化和自适应学习的设计中需要考虑哪些因素？它们如何满足学习者的个性化需求和学习差异？

课程论文研究方向

1. 在线教育平台个性化学习路径设计与实践研究。
2. 基于数据分析的个性化学习和自适应学习模型构建与优化研究。
3. 不同专业领域中个性化学习和自适应学习的实践与案例研究。
4. 在线教育平台中个性化学习和自适应学习的用户体验与满意度调查。

第6章 在线教育的社会影响

在线教育作为一种新的教育形式,不仅改变了教学方式,也对社会产生了深远影响。

首先,我们将讨论在线教育的一些主要社会影响,包括推动教育公平、提升就业竞争力、促进教育转型升级、促进教育与产业融合以及促进教育创新等。其次,我们将通过具体的案例来解析在线教育如何在实践中实现这些社会影响。最后,我们将探讨在线教育如何促进教育创新,包括教育内容、教学方法、评价方式等各个方面的创新,以及推动教育创新的具体措施。

本章旨在帮助读者全面理解在线教育对社会的影响,以期对在线教育的发展和应用有更深的认识。

6.1 在线教育的一些主要社会影响

随着在线教育的不断发展,其对社会将产生越来越深远的影响,同时也给教育带来更多的机遇和挑战。

促进教育公平:在线教育突破了地域和时间限制,让远离教育资源丰富地区的人也能够获得高质量的教育。这对于促进教育公平具有积极的作用。

提升就业竞争力:在线教育可以为学生提供更加灵活的学习方式,同时也能够提供更加多样化的学科和课程,从而提高学生的就业竞争力。

推动教育转型升级:在线教育作为一种新型的教育模式,正在推动教育转型升级,促进教育信息化、智能化和个性化发展。

增强教育的国际化程度:随着在线教育的发展,越来越多的国际化教育资源也进入到了教育领域,这有助于提高我国教育的国际化程度。

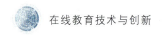

激发人们的学习热情：在线教育突破了传统教育的局限性，为学习提供了更加便利、灵活的途径，有助于激发人们的学习热情和主动性。

促进教育与产业融合：在线教育作为一种新型教育模式，正在推动教育与产业融合，为产业升级提供了更多的人才支持。

促进教育创新：在线教育突破了传统教育的固有模式，为教育创新提供了更多的机遇和平台，有助于提高教育质量和效率。

6.2　在线教育促进教育公平及提升就业竞争力的案例

近年来，人工智能技术快速发展给就业市场带来了新的变革，越来越多的职位需要具备 AI 相关技能。在这样的背景下，有不少在线教育平台和机构推出了 AI 相关的课程和培训项目，旨在帮助人们提升 AI 技能，增强就业竞争力。

其中一个例子是在线教育平台达内教育，其提供了技能培训和职业发展课程，帮助学生提升自己的就业竞争力。达内教育与多家企业合作，开设了一系列职业课程，例如 Java 开发、UI 设计、数据分析等，这些都是当前市场需求较高的职业技能。同时，达内教育也为学习者提供一对一的职业咨询服务，帮助学习者规划职业发展道路，提高职业竞争力。通过这种方式，达内教育帮助学习者获取了实际可用的技能和知识，同时也满足了市场对于高素质人才的需求，推动了整个社会发展。

上述在线教育平台和机构提供的培训项目，不仅有助于人们提升相关技能，更为他们在职场上寻找更好的机会提供了帮助，从而促进就业竞争力提升。

6.3　推动教育转型升级

推动教育转型升级是现代教育发展的重要趋势之一。我们可以通过引入新的教育理念、技术和方法，提升教育质量和效益，适应时代的发展和人才培养的需求。推动教育转型升级可以多方面着手。

教育信息化技术应用：教育信息化是推动教育转型升级的重要手段之一，可以打破时间和空间的限制，提高教学效率和教学质量。通过网络化、数字化、智能化的手段，开发出更加优秀的教育资源，实现教育资源共享，提高教学效率和教学质量。

例如，通过在线课程、远程教育、教学视频等方式，将教育资源数字化和网络化，实现教育资源共享和互动。

推行素质教育：推动教育转型升级需要注重培养学生的综合素质，培养学生的自主学习和创新能力。为实现这一目标，需要将素质教育贯穿于教育教学的各个环节，培养学生的品德、智力、体魄、美感和劳动教育，提高学生的创新和实践能力。

科技创新：教育转型升级也需要与时俱进的科技创新，采用新的教学方式和技术手段，推进教育教学质量提高。例如，人工智能、大数据等新技术应用，可以提高教学的效率和精度，同时也为学生提供更加智能化的学习体验。

增强教育国际化程度：随着全球化的发展，教育国际化程度越来越高。推动教育转型升级也需要加强教育国际化程度，提升学生的国际视野和语言水平，增强学生的全球竞争力。可以通过引进国外教育资源，拓展国际合作和交流等方式实现。

改革教育体制：推动教育转型升级需要改革教育体制，建立符合现代教育发展需要的教育管理和评价体系，提高教育服务水平。

在推动教育转型升级方面，政府、学校、教育机构和企业等各方都发挥了重要作用，主要包括以下方面。

推进在线教育：在新冠疫情的影响下，各地推出了一系列在线教育政策，促进了教育数字化转型。例如，教育部于 2020 年 2 月推出"停课不停学"计划，鼓励各地开展在线教学活动，提供线上课程和教学资源，保证学生的学习进程不受影响。

建立数字化教育平台：政府、学校和教育机构等各方在推进教育数字化转型的过程中，建立了一些数字化教育平台。例如，中国的"智慧校园"计划，旨在通过信息技术手段改变传统教育模式，提供数字化的学习资源和服务，促进教育信息化进程。

推进教育资源共享：各地政府、学校和教育机构积极推进教育资源共享。例如，"全国教育资源公共服务平台"项目，旨在通过共建共享机制，打通教育资源的壁垒，促进教育公平和资源共享。

加强教师培训和教学改革：教师是教育转型升级的重要力量，各地政府、学校和教育机构在加强教师培训和教学改革方面进行探索和尝试。例如，"中小学教师职业能力提升计划"，旨在提升教师的专业水平和教学能力，促进教育质量提高。

这些措施不仅推动了教育数字化转型和信息化升级，也促进了教育公平和资源共享，提升了教育质量和效益，进一步推动了教育现代化进程。

6.4 促进教育与产业融合

促进教育与产业融合是推动教育转型升级的另一个方面。教育与产业融合可以使教育更加贴合产业需求，提升学生就业竞争力，同时也可以促进产业发展和升级。

我们可以通过以下方法促进教育与产业的融合。

建立行业导师制度：行业导师可以为学生提供真实的行业知识和经验，指导学生如何更好地适应和融入产业。同时，行业导师也可以帮助企业挖掘人才，增强企业的竞争力。

实施企业家讲堂：企业家讲堂是一种将产业经验带入教育教学的方式。通过邀请企业高管或创业者到校园内分享其在行业中的经验和见解，可以帮助学生更好地了解产业趋势和发展方向。

实施产教合作项目：产教合作项目可以让学生在学习过程中接触实际的工作场景，从而更好地理解产业需求和工作技能。同时，企业也可以通过参与产教合作项目，发掘人才和推动技术创新。

建立产学研基地：产学研基地是将教育、产业和科研有机结合的实验平台。在这种平台上，学生可以通过实践活动获得实际工作经验，同时也可以让企业更好地了解学生的能力和潜力，挖掘人才。

引导学生开展创新创业：创新创业是促进教育与产业融合的重要方式之一。通过引导学生开展创新创业项目，可以促进学生对产业的深入了解，同时也可以培养学生的创新和实践能力。

促进教育与产业融合，需要教育和产业双方共同参与和合作。教育方面应该根据产业需求，开设符合产业发展趋势的专业和课程，同时加强学生实践教学和创新创业教育；产业方面应该积极参与教育教学活动，提供实际的行业知识和经验，同时也要加强人才培养和创新创业投资。

6.5 促进教育创新

促进教育创新是推动教育转型升级的重要手段之一，可以促进教育质量和效益提升，提高学生的创新和实践能力，适应时代的发展和人才培养的需求。

6.5.1 促进教育创新的方面

1. 教育理念创新

教育创新需要注重教育理念创新，根据时代和社会的需求，重新审视和调整教育目标、教育内容、教学方法等,适应时代的发展和人才培养的需求。例如,强调教育的全面发展和个性化发展,注重学生的创新能力和实践能力培养以及跨学科教育等。

2. 教学模式创新

教育创新需要不断创新教学模式,采用新的教学方式和技术手段,提高教学效率和教学质量。例如,将教育信息化和人工智能技术应用于教学中,开发在线课程、MOOC等创新课程,实现教育资源共享和教学智能化,培养学生的自主学习和创新能力。

3. 教育资源创新

教育创新需要不断创新教育资源,建设优质教育资源库,提高教育资源的共享率和可及性。例如,利用现代技术手段,开发和应用教育游戏、虚拟实验室等教学资源,提高教育资源的互动性和趣味性,激发学生的学习兴趣和创新能力。

4. 教师培训创新

教育创新需要重视教师培训,提高教师的教育教学水平和教育信息化技能,引导教师不断创新教学方法和教学内容,适应时代的发展和人才培养的需求。例如,开展教师培训课程和研讨会,鼓励教师参加学术交流活动,提高教师的专业素养和创新能力。

5. 学生创新创业教育

教育创新需要注重学生创新创业教育,培养学生的创新能力和实践能力,提高学生的竞争力和就业能力。例如,开展创新创业实践课程促进教育创新需充分利用现代科技手段和新的教育理念,推陈出新,打破传统教育的局限性,为学生提供更加灵活、自主和个性化的学习方式。

6.5.2 促进教育创新的具体措施

1. 教学模式创新

推进教育创新需要不断尝试新的教学模式,比如,混合式教学、翻转课堂、项目化学习等,旨在将学生放在主体位置,让学习更具有参与感,提高学习效果。

2. 教育资源开放共享

通过开放教育资源平台,让更多的学生免费获取优质教育资源,这不仅能够节约资源,还能够扩大教育资源的使用范围,提高教育公平性。

3. 技术手段创新

应用先进的技术手段,如人工智能、大数据等,创新教育教学方式,为学生提供更加个性化的学习体验,同时也能够实现教育信息化,提高教学效率和质量。

4. 培养创新人才

加强学生的实践能力培养,推动学生参与实际问题的解决,加强学生的创新能力和创业意识,从而更好地适应未来的职场需求。

5. 联合产学研创新

加强与产业界和科研机构合作,将科技成果和教学教研相结合,推动教育教学创新和发展,同时也为产业发展提供更加优秀的人才和技术支持。

6. 人文关怀创新

除了技术和理论方面的创新,教育创新还需要关注到学生的全面发展,注重人文关怀,建立健康的校园文化,提高学生的心理素质和自我管理能力,实现全面人才培养。

思考题

1. 在线教育对促进教育公平有哪些方面的作用?请列举具体案例进行讨论。
2. 在线教育如何提升学生的就业竞争力?请以实际案例说明。
3. 在线教育如何推动教育转型升级?请以具体案例说明。
4. 促进教育与产业融合在在线教育中的具体实践有哪些?请以相关合作项目进行讨论。
5. 在线教育如何促进教育创新?请列举几个具体方面进行分析。

课程论文研究方向

1. 在线教育对教育公平的影响与促进研究。
2. 在线教育平台中职业教育与就业竞争力提升的效果评估。
3. 在线教育与教育转型升级的关联性与发展研究。
4. 产业与教育融合中在线教育的合作模式与案例分析。
5. 在线教育的创新实践与教育创新效果评估研究。

第 7 章　在线教育的技术管理与运营优化

在这一章中,我们将讨论在线教育平台的技术管理和运营优化。首先,我们将讨论在线教育系统的架构和技术堆栈。这部分内容包括如何设计和选择适当的技术架构,以支持平台的稳定性和可扩展性。我们将分析基础架构设计的原则以及关键技术的选择,这些对于确保平台能够处理大量用户和满足复杂的教育需求至关重要。

接下来,章节会探讨高效的在线教学内容管理。成功的在线教育不仅取决于技术,还依赖于优质的内容。因此,我们将探讨内容创建、更新和管理的最佳实践,确保教学内容的质量和可访问性。此外,还将涉及如何在遵守版权法规的同时,促进内容的共享和开放使用。

随后,本章将重点关注用户体验和界面设计在在线教育中的应用。优秀的用户体验设计能够显著提高学习者的参与度和满意度。本节将介绍设计原则以及如何创建直观且具有互动性的学习界面,以确保平台用户能够轻松地使用和享受在线学习过程。

数据驱动的教育决策支持系统也是本章的重要内容之一。通过学习分析工具和教育数据挖掘技术,教育者和管理者可以获得宝贵的洞察力,从而优化教学策略和课程设计。我们将探讨如何利用数据分析来揭示学习模式和趋势,并用这些信息来支持更加明智的教育决策。

在线教育平台的可扩展性和可靠性问题是确保平台在高用户负载下依然稳定运行的关键。我们将讨论应对高并发用户访问的策略,以及如何通过有效的灾难恢复计划和数据备份来确保平台在发生意外时能够迅速恢复。

为了应对不断变化的教育需求和技术环境,持续改进与技术迭代的战略是必不可少的。本章将介绍敏捷开发和持续集成的原则和方法,以帮助在线教育平台保持竞争力,并快速响应市场和用户的变化需求。

最后,本章将探讨在线教育平台的安全策略。保护用户数据安全和防御网络攻击是任何在线系统的重要组成部分。我们将介绍如何实施数据安全和隐私保护措施,以及如何使用先进的技术来防御各种网络攻击,确保平台的持续稳定和安全运营。

7.1 在线教育系统的架构与技术堆栈

7.1.1 基础架构设计

在线教育系统的基础架构设计是确保平台稳定运行和高效服务的核心(见图 7.1)。合理的架构设计不仅能够支持大规模的用户访问,还可以优化资源利用率,提高系统的可维护性和可扩展性。在设计在线教育系统时,以下几点是必须要考虑的。

图 7.1 基础架构设计

1. 系统架构概述

在线教育平台通常采用以下几种系统架构。

单体应用架构:所有功能都在一个单一的、不分层的应用程序中实现。这种架构简单易管理,适合小规模应用,但缺乏灵活性和可扩展性。

微服务架构:将整个应用拆分为一组小服务,每个服务实现特定的功能,并且独立运行。这种架构提高了系统的灵活性和可维护性,便于快速迭代和部署,但需要复杂的服务协调和管理。

服务导向架构(SOA):通过定义互操作的服务来支持系统的集成和扩展。SOA 强调松耦合,使得各个服务可以独立更新,但通常需要更复杂的管理和集成技术。

2. 技术选型

选择合适的技术堆栈是基础架构设计的关键部分,应考虑以下因素。

技术的成熟度与支持：成熟的技术通常有广泛的社区支持和丰富的文档，有助于解决开发和运营中的问题。

可扩展性：选择能够轻松扩展以支持更多用户和服务的技术。

安全性：确保技术能够提供强大的安全特性，保护用户数据和系统免受攻击。

3. 负载均衡与扩展性

设计时需包括负载均衡解决方案，以合理分配用户请求到不同的服务器或服务上。使用自动扩展解决方案可以根据实际负载自动调整资源，确保系统的响应速度。

4. 容灾与数据备份

构建有效的灾难恢复计划和数据备份策略至关重要，这包括定期备份数据和在多个地理位置存储备份，以确保在系统故障时可以快速恢复。

5. 云服务的利用

考虑将部分或全部基础设施迁移到云服务，如 AWS、Azure 等，利用其弹性、可扩展性和按需付费的优势。云服务还可以提供高级的安全性和合规性支持，降低本地基础设施的维护成本和复杂性。

7.1.2 关键技术选择

在线教育系统的效能和可靠性在很大程度上取决于关键技术的精心选择。这些技术应该支持教育内容的高效管理、安全传输和互动性，同时保证系统的稳定性和可扩展性。以下是适用于中国在线教育系统的一些关键技术选择。

1. 编程语言和框架

Python：以其简单易学的语法和强大的后端框架（如 Django，Flask）而广受欢迎，非常适合进行快速开发，特别是在数据处理和分析领域。

Java：凭借其健壮的性能和跨平台能力，Java 是构建大规模企业级应用的首选语言。

JavaScript/Node.js：Node.js 允许使用 JavaScript 进行服务器端编程，配合 React 或 Vue.js 等前端框架，可创建响应迅速的用户界面。

2. 数据库技术

MySQL/MariaDB：这两种关系型数据库系统因其高效性和成本效益而在中国广泛使用，适合需要严格数据结构和强事务管理的应用。

MongoDB：作为一种流行的 NoSQL 数据库，MongoDB 适用于处理大量的非结构化数据，并且在读写性能上具有优势。

3. 服务器技术

Apache 或 Nginx：这两种服务器软件在中国被广泛应用，因其稳定性和高性能而成为托管静态和动态网页的首选。

Tomcat：对于需要运行 Java 应用的环境，Tomcat 作为一个轻量级的 Web 应用服务器，广泛用于教育和企业应用。

4. 云服务平台

阿里云（Alibaba Cloud）：提供全面的云服务，包括计算、存储、数据库和大数据处理，特别适合中国市场。

腾讯云：类似阿里云，腾讯云提供广泛的云基础设施服务，适合支持大规模在线教育应用。

5. 学习管理系统（LMS）

Zhihuishu：智慧树知到是一种广受欢迎的在线教育平台，提供课程管理和在线学习工具，特别针对中国的高等教育市场。

iCourse：原名为"爱课程"，是另一种主要用于高等教育的在线平台，提供丰富的课程资源和高效的学习管理功能。

6. 安全技术

HTTPS/SSL：用于保护网站数据传输安全，防止数据在互联网传输过程中被窃取或篡改。

OAuth 2.0 和 SAML：这些标准被用于处理安全的用户认证和授权，确保学生和教师的身份和数据安全。

7. 数据分析工具

FineReport：一款在中国较为流行的商业智能和报告工具，适用于数据可视化和决策支持，帮助教育机构分析学习数据，优化教育内容。

通过这些关键技术的选择和应用，可以极大地提高在线教育平台的性能和用户满意度，同时确保系统的长期可持续发展。

7.2　高效的在线教学内容管理

在线教育的成功很大程度上取决于教学内容的质量与管理效率。高效的内容管理不仅提高了教学效果，也增强了学习体验。本节将探讨在线教育中教学内容的创建和更新流程。

7.2.1 内容创建与更新流程

内容创建与更新是在线教育平台持续运营的重要组成部分。一个清晰和高效的流程可以确保内容的质量和及时更新，以下是构建此流程的关键步骤。

1. 需求分析

目标群体定位：明确课程内容针对的学习者类型（如年龄层、学术背景等）。
学习目标设定：根据教学大纲和学习目标，设计课程结构和内容。

2. 内容设计

教学大纲制定：创建详细的教学大纲，包括课程主题、学习目标、教学活动和评估方法。
多媒体内容开发：根据课程需求开发视频、音频、图文等多媒体教学材料。利用工具如 Adobe Captivate 或 Camtasia 等软件来制作互动和吸引人的内容。

3. 内容审查与测试

质量控制：进行内容审核，确保教学材料的准确性、逻辑性和教育价值。
用户测试：邀请部分目标学习者试用新内容，收集反馈并进行必要的调整。

4. 内容发布

发布准备：在教学平台上设置课程，配置必要的访问权限和学习路径。
正式上线：将经过测试和审查的内容正式发布给学习者。

5. 持续更新与维护

反馈收集：定期收集学习者和教师的反馈，评估课程效果。
定期更新：根据反馈和新的教学需求更新课程内容。确保教材与技术更新同步，如更新相关软件工具、应用新的教学方法等。

6. 技术支持

平台支持：确保内容管理系统（CMS）和学习管理系统（LMS）的稳定运行。
教师培训：定期对教师进行技术和教学方法的培训，使其能够有效使用更新的平台和工具。

通过实施这一流程，在线教育机构可以确保教学内容的持续优化和更新，从而提高教学质量和学习者的满意度。这种系统化的内容管理策略是在线教育成功的关键因素之一。

7.2.2　版权和内容共享问题

在线教育平台在内容创建和分发过程中必须严格遵守版权法规，以避免法律纠纷并尊重原创者的知识产权。同时，内容共享也是提升资源可达性和教学效率的重要策略。本节将探讨版权问题和内容共享的最佳实践。

1. 版权法的基本原则

在线教育中涉及的版权主要包括文本、图像、视频、音频及其他多媒体材料的使用权。以下是几个关键的版权法基本原则。

原创性：任何形式的教学材料必须是原创的或获得版权持有者的明确授权。

公平使用：在一定条件下，教育机构可以依据"公平使用"原则使用受版权保护的材料，但这通常限于非商业教育目的，并且使用的内容量应当是合理的。

版权声明：所有使用的受版权保护的材料应明确标注版权信息和来源，即使是在公平使用的前提下。

2. 内容共享与许可协议

为了促进知识的开放共享，很多教育机构和个人选择将其教学资源发布在具有开放许可的平台上。这些许可协议，如 Creative Commons，允许内容创建者指定哪些权利他们愿意放弃，哪些权利他们保留，从而在保护版权的同时促进内容的自由流通和再利用。

Creative Commons 许可：提供不同级别的保护，从允许几乎所有形式的使用（如 CC BY），到仅允许下载作品并分享，但禁止修改作品（如 CC BY-ND）。

开放教育资源（OER）：这些是公开授权的自由获取和使用的教育材料，可以被教育者自由地修改和优化以适应特定的教学需求。

3. 实施版权管理和内容共享策略

在线教育机构应建立一套有效的版权管理策略，确保所有教学材料的使用都符合法律要求。此外，通过采用开放许可模式，机构可以增加其教学材料的影响力和可达性。以下是一些实用的步骤。

教育与培训：定期对教师和内容开发者进行版权法和内容许可的培训。

版权审核流程：建立一个系统化的审查流程，确保所有发布的教学材料都已获得适当的授权或符合公平使用原则。

第 7 章 在线教育的技术管理与运营优化

技术工具支持：利用技术工具，如版权管理软件和内容追踪系统，来监控和管理教学材料的使用情况。

通过这些措施，在线教育机构不仅能避免侵犯版权的风险，还能通过共享和开放的方式，增进教育资源的利用效率和教学的创新性。这对于提升教育质量和扩大教育影响具有重要意义。

7.3 用户体验与界面设计在在线教育中的应用

在在线教育中，用户体验（UX）和界面设计（UI）是确保学习者参与度和满意度的关键因素。良好的设计不仅使学习平台易于使用，还能显著提高学习效果。本节将探讨在线教育中用户体验和界面设计的应用，以及如何通过这些设计提升学习体验。

7.3.1 设计原则

在在线教育界面设计中应用以下几个核心原则，可以确保创建出既美观又功能强大的学习环境。

清晰性：确保所有的界面元素都是清晰和直观的。使用简洁的布局和明确的标签，使用户可以轻松导航和找到他们需要的信息。

一致性：在整个平台中保持设计的一致性，包括颜色方案、字体选择、按钮样式和响应行为。一致性可以降低用户的学习曲线，提高他们的操作效率。

可访问性：设计应考虑到所有用户的需求，包括那些有特殊需求的用户。使用足够的对比度、可调整大小的文本和键盘导航等，确保每个人都能访问和有效使用平台。

反馈：系统应对用户的操作提供即时反馈。无论是填写表单、完成课程模块还是点击按钮，用户都应该清楚地知道他们的操作是否成功。

简洁性：避免使用不必要的元素或功能，这可能会分散用户的注意力或增加使用复杂度。精简的设计帮助用户集中精力学习。

情感化设计：尝试通过视觉元素和语言风格引发用户的情感共鸣。一个温馨、鼓励性的设计可以增强学习动机和参与度。

适应性和响应性：确保在线教育平台在不同设备和屏幕大小上均表现良好。响应式设计确保用户无论在电脑、平板还是手机上都能获得优质的学习体验。

通过遵循这些设计原则，教育机构可以创建出更加引人入胜和高效的学习环境。这不仅能提升用户的满意度和忠诚度,还能显著提高教学成果。

7.3.2 交互式学习界面的最佳实践

交互式学习界面可以极大地提升在线学习的参与度和效果。通过有效地设计交互元素,学习平台能够促进学生的积极参与并加深学习体验。本节将探讨实现高效交互式学习界面的最佳实践。

明确的指导与导航:设计清晰的指导和导航系统来引导学习者通过课程内容。使用面包屑导航、进度条和清晰标记的按钮,帮助用户理解他们在课程中的位置和未来的路径。

互动性强的内容:利用多种媒体(如视频、音频、动画和模拟)来提供动态的学习体验。例如,使用视频案例研究可以增加现实感,而交互式模拟则允许学习者通过实践来掌握复杂概念。

自适应学习路径:提供定制化的学习路径,根据学生的学习进度和理解能力自动调整内容和难度。这种个性化的方法可以提升学习效率并满足不同学习者的需求。

即时反馈系统:设计即时反馈机制,当学生完成练习或测验时,立即提供反馈。这不仅帮助他们确认已掌握的知识,还可以指出需要额外复习的领域。

互动讨论和协作工具:集成在线讨论板、聊天工具和协作空间,促进学习者之间的交流和合作。这样的工具可以增强社区感,使远程学习的体验更加丰富和互动。

任务驱动的活动:利用任务驱动的学习活动来增加参与度。设定具体目标和挑战,激励学生通过完成具体任务来学习新技能。

数据驱动的优化:使用收集的用户互动数据来分析和优化界面设计。例如,通过分析点击率、完成率和用户反馈来识别哪些元素最有效,哪些需要改进。

无障碍设计:确保所有交互功能都可通过键盘操作,并对视觉或听觉障碍的用户友好。例如,为所有视频提供字幕,确保所有控件都有足够的对比度和大小。

通过实施这些最佳实践,在线教育平台可以创建一个更加吸引人、易于使用且教育效果显著的交互式学习环境。这种环境不仅提高了学习者的满意度,也促进了深度学习和持久的知识掌握。

7.4 数据驱动的教育决策支持系统

在当今的教育环境中,数据驱动的决策支持系统对于提高教学质量和学习成效至关重要。这种系统利用数据分析来揭示学习过程中的模式和趋势,帮助教育者和管理者做出更加明智的决策。本节将详细探讨在线教育中应用学习分析工具的方法。

7.4.1 学习分析工具

学习分析工具是数据驱动决策系统的核心,它们能够追踪、收集并分析学习相关数据,以下是几种常用的工具及其应用方法。

学习管理系统(LMS)内置分析:大多数现代 LMS(如 Moodle,Blackboard)都配备了先进的分析功能,能够提供关于学生参与度、课程进度和成绩表现的实时数据。利用这些数据,教师可以调整教学策略,例如,增加互动元素或提供更多个性化的学习资源。

可视化仪表板:使用如 Tableau 或 Power BI 等工具创建仪表板,可以将复杂的数据集转换为直观的图表和图形。这些可视化帮助教育者快速理解学生的学习行为和成绩趋势,从而做出及时的教学调整。

预测分析工具:应用机器学习算法对学生的未来表现进行预测,识别可能需要额外支持的学生。例如,通过分析过去的登录频率和作业提交情况,预测学生是否有辍学风险。

社会网络分析(SNA):在在线讨论和协作环境中,社会网络分析可以用来评估学生之间的互动质量和网络结构。了解这些社会关系有助于优化小组作业和促进更有效的协作学习。

行为追踪工具:追踪学生在在线平台上的行为路径,如页面访问顺序、停留时间和互动频次。这些数据可用于改善课程设计,确保学生能够在学习过程中保持高度的参与度和动力。

反馈和评估工具:集成自动反馈系统,如在线测验和自评工具,可以提供即时的学习反馈给学生,同时收集数据用于教学改进。

通过这些学习分析工具的综合应用,教育机构可以更深入地理解学生的学习过程,从而提供更有效的教育经验。此外,它们也为教育政策制定者和管理者提供了实证基础,以支持更广泛的教育改革和创新。

7.4.2 教育数据挖掘技术

教育数据挖掘技术专注于从大量教育数据中提取有用信息和模式,这些信息可以帮助教育机构改进教学方法、增强学生的学习体验以及优化课程设计,概念图如图 7.2 所示。本

图 7.2 教育数据挖掘技术

节探讨几种关键的教育数据挖掘技术及其在在线教育中的应用。

1. 关键技术介绍

分类：分类是数据挖掘中用于将数据集分割成特定类别的技术。在教育中，这可以用来确定学生属于低、中、高成就组，或预测学生的最终成绩等级。工具如决策树、支持向量机（SVM）和随机森林在此类任务中常见。

聚类：聚类技术用于将数据分组，使得同一组内的数据点比其他组的更为相似。在在线教育中，聚类可以帮助识别具有相似学习行为或需求的学生群体，从而提供更针对性的教育支持。

关联规则学习：这种技术常用于发现大数据集中变量之间的有趣关系。例如，分析学生参与在线论坛活动与学业成绩之间的关联，可能揭示一些有助于提高学习成效的行为模式。

异常检测：异常检测技术用于识别数据中的异常或偏离正常模式的案例。在教育中，这可以帮助识别作弊行为或者不同寻常的学习轨迹，如学生突然在某门课程中表现下降。

时间序列分析：时间序列分析技术用于分析随时间变化的数据点，以预测未来趋势。在教育中，这种技术可以用来预测学生的学习进度或成绩趋势，以及课程内容的需求变化。

文本挖掘和自然语言处理（NLP）：文本挖掘结合 NLP 可以用于分析学生在在线课程论坛、作业和反馈中的文本数据。这有助于理解学生的感受、疑惑和知识点掌握情况，从而改进教学内容和方法。

2. 应用实例

学生行为分析：通过聚类学生的登录频率、活动类型和持续时间，教师可以调整学习材料和活动,以更好地适应不同学生的学习习惯。

预测模型构建:使用分类算法建立模型,预测学生可能面临的学习困难,提前进行干预。

内容优化:利用关联规则发现哪些教学资源被频繁同时使用,指导资源的进一步整合和优化。

通过这些教育数据挖掘技术,教育机构可以获得深刻的洞察,实现基于证据的决策,从而显著提高教育质量和效率。

7.5 在线教育平台的可扩展性和可靠性问题

在线教育平台面临的一大挑战是如何在用户数量剧增时保持高性能和稳定性。本节将探讨如何通过各种策略确保平台的可扩展性和可靠性,特别是在高并发用户情况下。

7.5.1 应对高并发用户的策略

在线教育平台必须能够在用户数量急剧增加时,如新课程发布或特殊事件(如疫情导致的在线转型),依然能保持稳定。以下是一些关键策略。

弹性扩展:利用云计算服务的自动扩展功能,根据实时需求自动增减资源。例如,使用云服务如 AWS Auto Scaling、Azure Scale Sets 等可以根据负载自动调整服务器实例的数量。

负载均衡:使用负载均衡器分散请求到多个服务器,这不仅可以提高响应速度,还可以在某个服务器出现故障时重定向流量到健康的服务器,从而提高整体的可用性。常用的负载均衡解决方案包括 Nginx、HAProxy 以及云服务提供的负载均衡器。

数据库优化:对数据库进行分片或使用读写分离策略来减轻单个数据库的压力。分片可以将数据分布到多个数据库上,而读写分离允许通过将读操作分配到多个副本上来减轻主数据库的负担。

缓存机制:使用缓存存储频繁查询但不常变化的数据,减少数据库的压力并加速数据检索。常用的缓存技术包括 Redis 和 Memcached。

内容分发网络(CDN):利用 CDN 缓存静态资源,如视频、图片和 JavaScript 文件,可以减少服务器的负载并加快内容的加载时间。这对于分散全球的用户尤其有效。

微服务架构：采用微服务架构可以将应用分解成小的、独立的服务，这些服务可以独立部署和扩展。这种架构增强了系统的灵活性和可维护性，使得单一服务的扩展或故障不会影响整个系统的稳定性。

监控和自动化：实施全面的系统监控和自动化故障恢复策略。使用工具如 Prometheus、Grafana 进行系统监控，结合自动化工具如 Ansible、Terraform 来快速响应并解决潜在问题。

通过实施这些策略，在线教育平台可以有效应对高并发情况，确保提供稳定可靠的学习体验。这不仅提高了用户满意度，还能保持机构的良好声誉。

7.5.2 灾难恢复计划和数据备份

为了确保在线教育平台在面对硬件故障、软件错误、人为错误或自然灾害等不可预见事件时能迅速恢复服务，制定有效的灾难恢复计划和数据备份策略是至关重要的。本节将探讨这些策略的关键组成部分。

1. 灾难恢复计划

灾难恢复计划（DRP）是一套详细的策略和程序，旨在保护组织免受严重影响，并在发生灾难事件后快速恢复运营。以下是建立有效灾难恢复计划的关键步骤。

风险评估与业务影响分析：识别可能对系统造成重大影响的灾难类型，如数据中心故障、网络攻击或自然灾害。分析这些灾难对教育平台服务的具体影响，确定关键业务流程和数据。

定义恢复目标：确定恢复时间目标（RTO）和恢复点目标（RPO）。RTO 是系统恢复到正常操作所需的时间，RPO 是可接受的数据丢失量。

备份策略：实施定期的数据备份计划，包括全量备份和增量备份。确保备份数据存储在多个位置，包括异地备份，以防单点故障。

灾难恢复站点：建立灾难恢复站点，可以是热备、温备或冷备。热备站点实时复制数据并随时可用，温备站点具有较新的数据但需要时间启动，冷备则是最经济的选择，通常用于非关键应用。

灾难恢复演练：定期进行灾难恢复演练，测试和验证恢复计划的有效性。这有助于识别计划中的漏洞并进行改进。

员工培训和意识：对所有相关人员进行灾难恢复培训和教育，确保他们了解在灾难发生时的具体行动方案。

2. 数据备份

数据备份是灾难恢复计划的核心部分，关键在于确保所有重要数据都有最新的备份副本可用。实施数据备份的最佳实践包括以下几点。

多级备份:实施多级备份策略,例如使用"3—2—1"规则:保留至少三份数据副本,其中两份存储在不同的设备上,另外一份存储在异地。

加密和安全性:对所有备份数据进行加密,确保数据的安全性,特别是在传输和存储过程中。

定期验证:定期验证备份数据的完整性和可用性,确保在需要时可以成功恢复。

通过这些灾难恢复和数据备份策略的实施,在线教育平台可以确保在面对任何形式的中断时,都能最大程度地减少服务中断和数据损失,保障教育活动的连续性和数据的完整性。

7.6 持续改进与技术迭代的战略

为了保持在线教育平台的竞争力并适应不断变化的教育需求和技术环境,采用持续改进和技术迭代的策略是至关重要的。本节将探讨如何通过敏捷开发和持续集成等方法实现这一目标。

7.6.1 敏捷开发与持续集成

敏捷开发是一种强调快速迭代和适应性强的软件开发方法。与传统的瀑布式开发模型相比,敏捷开发更加灵活、响应速度更快,非常适合需要快速响应市场变化和用户需求的在线教育平台。持续集成(CI)则是敏捷开发中的一项核心实践,旨在通过自动化测试和构建来保持软件的健康状态。

1. 敏捷开发方法

迭代开发:将开发过程分为多个短周期(通常为1—4周),每个周期结束时都能交付可用的软件。这样可以快速获取用户反馈并据此调整功能。

跨功能团队:敏捷团队通常包括开发人员、测试人员、设计师和产品经理等,团队成员共同协作,确保从每个角度优化产品。

用户故事和敏捷看板:使用用户故事来定义功能需求,通过敏捷看板管理和跟踪开发进度,增强项目的可视化管理。

2. 持续集成(CI)

自动构建和测试:每当团队成员提交新代码后,自动执行构建和测试,确保新代码的加入不会破坏现有功能。

快速反馈:如果构建或测试失败,系统会立即通知开发团队,使他们能够尽快解决问题。

代码质量管理:通过代码审查和集成测试保持代码质量,避免项目后期积累过多技术债务。

3. 持续部署(CD)

自动化部署:在持续集成的基础上,自动化部署确保代码一旦通过测试即可自动部署到生产环境,这极大地加快了开发周期和市场响应速度。

蓝/绿部署或金丝雀发布:这些策略用于减少部署风险,通过向少数用户提供新版本(金丝雀发布)或通过平行环境切换(蓝/绿部署)来确保新版本的稳定性。

通过实施敏捷开发和持续集成/部署,在线教育平台可以确保软件的高质量和高适应性,及时响应用户需求变化,持续提供创新和改进的服务。这种开发模式不仅提高了开发效率,还增强了团队的协作和透明度,是实现技术迭代和持续改进的关键策略之一。

7.6.2 从反馈到功能改进

在线教育平台的成功依赖于能够不断从用户反馈学习并快速适应这些反馈进行功能改进。本节探讨如何系统地收集、分析用户反馈,并将其转化为实际的功能改进,以持续优化平台。

1. 收集用户反馈

多渠道收集:利用调查问卷、在线论坛、直接邮件反馈、社交媒体和实时聊天工具等多种方式收集用户反馈,确保覆盖各类用户群体。

定期和事件驱动:定期收集用户反馈,如每学期或每个课程结束时。同时,对于新功能的发布或重大更新后,应特别收集反馈,评估影响。

直接用户观察和访谈:进行用户观察或一对一访谈,尤其对于关键用户,深入理解他们的需求和使用中遇到的问题。

2. 分析反馈

定量和定性分析:对定量数据(如评分、完成率)进行统计分析,对定性反馈(如开放式问答)进行内容分析,识别常见问题和用户需求。

用户行为分析：使用分析工具跟踪用户在平台上的行为，结合用户反馈分析，以获得更全面的用户体验信息。

优先级排序：根据反馈的紧迫性、影响范围和实施难度对改进措施进行优先级排序。

3. 功能改进

快速迭代：使用敏捷开发方法快速迭代新功能或改进，以确保及时响应用户需求。

A/B 测试：对新功能或改进进行 A/B 测试，比较不同版本的性能，确保所选方案能最大化满足用户需求。

用户参与设计：在设计新功能或进行重大改进时，邀请核心用户参与，确保开发的方向和用户的实际需求相符。

持续监控和优化：新功能发布后，持续监控其性能并收集用户反馈，必要时进行进一步优化。

4. 反馈到功能改进的循环

创建一个从反馈到功能改进的闭环，确保反馈被有效地转化为行动计划，并在未来的开发周期中不断优化和调整。这个循环包括反馈收集、分析、设计、实施和再次评估。

通过这种系统的方法，在线教育平台能够不断适应用户需求，提高用户满意度，从而促进用户的长期参与和忠诚度。这种持续的改进机制是确保在线教育平台长期成功的关键。

7.7 在线教育平台的安全策略

在在线教育平台中，确保数据安全和隐私保护是至关重要的。学生和教师的个人信息、学习数据和交流内容都必须受到严格保护，以防止数据泄露、滥用或其他形式的安全威胁。本节将探讨在线教育平台应采取的数据安全和隐私保护措施。

7.7.1 数据安全和隐私保护措施

为保障在线教育平台的数据安全和用户隐私，以下措施是必需的。

数据加密：使用强加密标准保护存储和传输中的数据。所有敏感数据，包括个人身份信息和交易信息，在存储时应采用加密措施，并在传输过程中使用 SSL/TLS 协议加密。

访问控制:实施严格的访问控制和身份验证机制。确保只有授权用户才能访问敏感信息和学习资源。使用多因素认证(MFA)增强账户安全性。

数据最小化:仅收集实现业务目的所必需的最少数据量,并对持有的数据进行定期审查,确保不保留无用或过时的信息。

隐私政策和用户协议:明确隐私政策和用户协议,详细说明数据的收集、使用、存储和分享方式。确保政策符合所有相关法律和规定,如欧盟的 GDPR 或美国的 FERPA 等。

定期安全审计和漏洞扫描:定期进行安全审计和漏洞扫描,识别并解决安全漏洞。使用自动化工具进行持续的安全监控和响应。

安全意识培训:对所有员工进行安全意识培训,特别是那些处理敏感数据的员工。确保他们了解如何防止数据泄露和其他安全威胁。

备份和灾难恢复:实施有效的数据备份和恢复策略,确保在数据丢失或系统故障时能迅速恢复运营。备份数据应加密存储,并在安全的位置保存多个副本。

响应机制:建立和维护一个有效的数据泄露和安全事件响应计划。在发生安全事件时,能够迅速采取行动,减轻损害,并及时通知所有受影响的利益相关者。

通过实施这些综合性的数据安全和隐私保护措施,在线教育平台能够为用户提供一个安全的学习环境,增强用户信任,促进在线教育的健康发展。

7.7.2 防御网络攻击的技术

网络安全是在线教育平台维护的关键部分,因为这些平台经常成为各种网络攻击的目标,包括但不限于 DDoS 攻击、恶意软件、钓鱼攻击和 SQL 注入,概念图如图 7.3 所示。为有效防御这些威胁,以下技术和措施对于提升平台的安全防护至关重要。

图 7.3　防御网络攻击技术

网络防火墙和入侵检测系统(IDS)：网络防火墙用于监控和控制进出网络的数据，防止未授权的访问。入侵检测系统(IDS)监测网络流量，以识别潜在的恶意活动和违规操作。

分布式拒绝服务(DDoS)防护：部署 DDoS 缓解解决方案，如通过云服务提供商的专业 DDoS 防护服务，或使用专门的 DDoS 防护硬件和软件，以保护平台免受大规模的流量攻击。

防御 SQL 注入和跨站脚本(XSS)攻击：实施严格的输入验证，避免用户输入的数据直接用于数据库查询或页面生成，从而阻止 SQL 注入和 XSS 攻击。使用参数化查询和适当的编码技术。

使用安全的编码实践：开发时采用安全的编码实践，例如 OWASP(开放式网络应用安全项目)推荐的安全编码标准，以减少软件中的漏洞。

常规软件更新和补丁管理：定期更新所有系统和应用程序，包括操作系统、数据库管理系统和应用服务器，以及第三方库和组件，以修复已知的安全漏洞。

安全配置管理：采用最小权限原则配置服务器和应用程序，确保系统和服务只开放必要的功能和端口。

使用 HTTPS：在所有网页上实施 HTTPS，确保数据在传输过程中的完整性和机密性。使用 SSL/TLS 证书对数据进行加密。

员工安全培训和意识提升：定期对所有员工进行安全培训，包括识别和防范钓鱼攻击和其他社交工程技巧。

多因素认证(MFA)：对所有用户，尤其是管理员和拥有对敏感数据访问权限的用户，实施多因素认证，增加账户安全性。

通过结合这些先进的技术和策略，在线教育平台能够有效防御日益复杂和频繁的网络攻击，维护教育活动的正常运行和数据的安全性。这些措施有助于构建一个安全的网络环境，保护教师和学生的信息不受侵害。

思考题

1. 如何评估在线教育平台的可扩展性？请列出至少三种方法。
2. 灾难恢复计划的关键组成部分有哪些？为什么每个部分都是必需的？
3. 讨论在敏捷开发过程中持续集成的优势与可能的挑战。
4. 为什么数据安全和隐私保护对于在线教育平台至关重要？
5. 探讨防御网络攻击的不同技术及其在实际中的应用。

课程论文研究方向

1. 在线教育平台的可扩展性策略研究。
2. 灾难恢复技术和策略的实证分析。
3. 敏捷开发与持续集成在在线教育中的应用。
4. 在线教育平台的数据安全最佳实践。
5. 网络攻击对在线教育平台的影响及防御策略。

第 8 章　在线教育的未来发展

在线教育在过去的几年中发展迅速，不仅改变了人们学习的方式，也对教育系统和社会产生了深远的影响。然而，这只是开始。随着技术的进步和社会的变化，我们可以预见，未来的在线教育将会有更大的发展空间。

本章将探讨未来在线教育的发展趋势和可能的影响。首先，我们将分析在线教育持续发展的几个方面，包括技术创新、灵活性与多样性、教育国际化、学历认证与职业发展、终身学习、教育普及与平等、教育生态系统变革和教师角色转变。

其次，我们将深入探讨未来在线教育可能的技术创新，包括人工智能、虚拟现实和增强现实、5G 和物联网、云计算和边缘计算、区块链、自适应学习技术、社交媒体和协作工具整合、智能硬件和可穿戴设备等。

再次，我们将分析教育生态系统变革以及教师角色转变如何影响未来的在线教育。

最后，我们将探讨未来在线教育发展可能对未来大学教育的具体影响，包括学生的学习方式和需求变化、教师的教学角色和要求变化、教学质量和效率提高、大学课程和学位制度变革以及大学教育国际化和多元化。

本章旨在帮助读者理解未来在线教育的发展趋势以及这些发展可能带来的影响和机遇。

8.1　未来在线教育持续发展的方面

1. 技术创新

未来的在线教育将受益于人工智能、虚拟现实、增强现实、大数据分析等先进技术的发展。这些技术将使在线教育变得更加智能化、个性化和沉浸式（见图8.1）。例如，人工智能可以帮助教师更好地了解学生的需求，为学生提供定制化的学习方案；虚拟现实和增强现实可以让学生身临其境地体验教学内容，提高学习的趣味性和效果。

图 8.1　未来在线教育

2. 灵活性与多样性

在线教育的灵活性和多样性将继续得到加强。未来的在线教育将支持更多的学习模式，如自主学习、小组学习、混合式学习等。此外，在线教育将提供更丰富的课程和学习资源，满足不同年龄、背景和兴趣的学生需求。这将有助于扩大在线教育的受众，提高教育的普及率和公平性。

3. 教育国际化

在线教育有助于教育资源全球共享，促进教育国际化。在未来，我们预计将看到越来越多的国际合作项目和跨文化交流活动。这将有助于提高教育质量，培养具有全球视野的人才。

4. 学历认证与职业发展

随着在线教育的普及，越来越多的学历认证机构和雇主将认可在线学位和证书。未来，在线教育将更好地融入传统教育体系，为学生提供更多的学历和职业发展机会。

5. 终身学习

在线教育将进一步推广终身学习的理念。随着社会的快速发展，人们需要不断更新知识和技能以适应变化。在线教育为终身学习提供了便利的途径，使得人们可以在任何时间、任何地点学习新的知识和技能。未来，终身学习将成为一种常态，而在线教育将成为支持终身学习的重要途径。

6. 教育普及与平等

在线教育将继续扩大教育覆盖范围,使更多人受益。通过在线教育,偏远地区和弱势群体可以获得更多的教育机会。政府和社会组织将致力于推动在线教育资源共享和公平分配,以实现教育公平。

7. 教育生态系统变革

随着在线教育的发展,教育生态系统将发生重大变革。传统教育机构将与在线教育平台紧密合作,共享教育资源和优势。同时,新的教育模式、教育服务和教育科技公司将不断涌现,推动教育行业创新和发展。

8. 教师角色转变

在线教育发展将促使教师角色发生变化。在未来,教师将不再只是知识的传授者,而是学习者的引导者、激发者和合作者。教师需要掌握新的教育技术和教学方法,以适应在线教育环境的变化。

在未来,在线教育将持续发展和变革,为全球范围内的学习者提供更加便捷、高质量和多样化的教育资源。这将推动教育行业创新,提高教育质量,促进教育公平,培养具有全球视野的人才。

8.2 未来在线教育的技术创新

未来在线教育的技术创新将在多个方面发挥重要作用。在线教育的技术创新涉及的领域包括以下方面,其概念图如图 8.2 所示。

人工智能:AI 将对在线教育产生深远影响。通过机器学习和大数据分析,AI 可以帮助教师更好地了解学生的需求、优点和不足,并为学生提供个性化的学习方案。此外,AI 还可以实现智能评估、自动批改作业和测试,节省教师时间,让他们专注于更有价值的教学活动。

虚拟现实和增强现实:VR 和 AR 技术可以为在线教育带来沉浸式的学习体验。通过这些技术,学生可以身临其境地参与实验、模拟和场景再现,提高学习的趣味性和实用性。例如,在线医学课程可以利用 VR 技术让学生进行虚拟手术操作,提高手术技能。

5G 与物联网:5G 网络的高速度、低延迟和大容量特性将为在线教育提供更好的技术支持。与此同时,物联网技术将使教育设备更加智能化,为在线教育带来更丰富

图 8.2　未来在线教育的技术创新

的交互方式和更高效的学习体验。

云计算和边缘计算：云计算可以为在线教育提供强大的计算能力、存储空间和应用服务。这将使教育资源和工具更加易于访问和共享。边缘计算则可以将计算任务分布在网络边缘，降低延迟，提高实时性，为在线教育的远程实时互动提供技术保障。

区块链：区块链技术可以为在线教育提供安全、透明和不可篡改的数据存储和传输解决方案。它可以用于存储学生的学习记录、证书和成绩，确保数据的真实性和可信度。同时，区块链技术还可以支持在线教育的版权保护和知识产权管理。

自适应学习技术：自适应学习技术是一种根据学生的学习能力、进度和兴趣自动调整教学内容和难度的技术。通过大数据分析和机器学习算法，自适应学习系统可以实时监测学生的学习情况，并为他们提供合适的学习资源和建议。这将有助于提高在线教育的针对性和有效性，为每个学生提供定制化的学习体验。

社交媒体和协作工具整合：在线教育将进一步整合社交媒体和协作工具，为学生提供更丰富的学习社交和互动体验。这将有助于学生建立起跨地域、跨文化的学习社群，促进知识和信息共享与传播，提高学习效果。

智能硬件和可穿戴设备：智能硬件和可穿戴设备将为在线教育带来更多的创新可能。例如，智能眼镜、手环等设备可以实时监测学生的注意力、心率和情绪等生理指标，为教师提供反馈，以便调整教学策略。此外，这些设备还可以为学生提供实时的学习辅助和提醒，帮助他们更好地管理学习时间和精力。

未来在线教育的技术创新将涉及多个领域，这些创新将使在线教育更加智能化、个性化和沉浸式，为学生提供更高质量和更有效的学习体验。技术创新将继续推动在线教育发展，改变传统教育模式，为全球范围内的学习者创造更多的学习机会。

8.3 未来在线教育的人工智能应用

未来在线教育的人工智能应用将具有广泛的发展潜力,概念图如图 8.3 所示。AI 技术将在线教育变得更加智能化、个性化和高效。AI 在未来在线教育中的某些环节可能发挥作用。

图 8.3　未来在线教育的人工智能应用

1. 个性化学习

AI 可以通过机器学习和大数据分析来了解每个学生的需求、优点和不足,并根据这些信息为学生提供定制化的学习方案。这将有助于提高在线教育的针对性和有效性,为每个学生提供适合他们的学习资源和建议。

2. 智能诊断与评估

AI 可以实现智能诊断与评估,自动分析学生的作业、测验和测试,并提供及时反馈。这将节省教师的时间,让他们专注于更有价值的教学活动。同时,智能评估可以帮助学生了解自己的学习进度和需要改进的地方,提高学习效果。

3. 虚拟助教与教学辅导

AI 技术可以用于创建虚拟助教,为学生提供实时的教学辅导和答疑解惑。虚拟助教可以根据学生的问题提供个性化的解答和建议,帮助他们克服学习障碍。此外,虚拟助教还可以帮助教师管理课程和学生,提高教学效率。

4.智能推荐系统

AI可以用于开发智能推荐系统,为学生提供与他们兴趣、需求和能力相匹配的课程和学习资源。这将有助于提高学生的学习兴趣和动力,促使他们更加主动地参与在线教育。

5.情感分析与教学策略调整

AI可以通过分析学生的行为、表情和生理指标等数据来了解他们的情感状态。这将有助于教师调整教学策略,以提高学生的注意力、积极性和学习效果。

6.语言处理与翻译

AI在自然语言处理(NLP)方面的进步将使在线教育更具包容性和普及性。例如,实时翻译功能可以帮助跨语言和跨文化的学习者更好地理解教学内容,促进全球范围内的知识共享和交流。

7.语音识别与智能互动

AI的语音识别技术可以使在线教育变得更加互动和生动。例如,教师和学生可以通过语音命令与在线教育平台进行沟通,提高学习的便捷性和效率。此外,语音识别还可以帮助教师实时记录课堂笔记和讨论内容,为后续教学和评估提供参考。

8.内容生成与知识图谱构建

AI可以用于生成教学内容,如自动撰写教案、制作课件和编写习题。这将有助于提高教学资源的质量和丰富性。同时,AI还可以用于构建知识图谱,将教育资源按照主题、难度和关联性进行组织和分类,便于学生查找和学习。

9.学习分析与预测

AI可以通过对学生的学习数据进行分析和挖掘,发现学习过程中的模式和趋势。这将有助于教师更好地了解学生的学习状态和发展潜力,并为他们提供有针对性的支持和引导。此外,AI还可以预测学生的学习成果和未来发展,帮助教育机构和政策制定者进行更有根据的决策。

10.教育机器人与硬件设备

AI技术可以应用于教育机器人和智能硬件设备,为学生提供更加生动和互动的学习体验。教育机器人可以扮演教师、助教或学习伙伴的角色,与学生进行面对面的互动和教学。智能硬件设备则可以实时监测学生的注意力、心率和情绪等生理指标,为教师提供反馈,以便调整教学策略。

8.4 未来在线教育的虚拟现实和增强现实应用

未来在线教育的虚拟现实和增强现实应用将为学生提供更加沉浸式和生动的学习体验,概念图如图 8.4 所示。VR 和 AR 技术可以模拟真实世界环境和场景,让学生在虚拟空间中亲身参与学习活动。VR 和 AR 在未来在线教育中的某些环节可能发挥作用。

图 8.4　未来在线教育的虚拟现实和增强现实应用

1. 沉浸式教学

VR 和 AR 技术可以为在线教育带来沉浸式的学习体验,使学生身临其境地参与教学活动。这将有助于提高学生的学习兴趣和动力,增强他们对知识和技能的理解和掌握。

2. 实验与模拟

VR 和 AR 技术可以用于创建虚拟实验室和模拟环境,让学生在安全、可控的条件下进行实验和实践操作。例如,在线医学课程可以利用 VR 技术让学生进行虚拟手术操作,提高手术技能;在线建筑课程可以利用 AR 技术让学生进行建筑模型预览和调整,提高设计能力。

3. 场景再现与历史教育

VR 和 AR 技术可以用于再现历史事件和文化场景,让学生亲身体验不同的历史时期和文化背景。这将有助于提高学生对历史和文化的认识和理解,培养他们的全球视野和跨文化交际能力。

4. 虚拟实地考察与环境教育

VR 和 AR 技术可以用于创建虚拟的自然环境和地理景观,让学生在虚拟空间中进行实地考察和环境学习。这将有助于提高学生对地理、生态和环境问题的关注和认识,培养他们的环保意识和可持续发展能力。

5. 语言学习与文化交流

VR 和 AR 技术可以用于模拟不同的语言环境和文化场景,让学生在虚拟空间中进行语言实践和文化体验。这将有助于提高学生的语言能力和跨文化交际能力,为他们的国际交流和合作打下坚实基础。

6. 软技能培训与职业教育

VR 和 AR 技术可以用于模拟真实的工作环境和职业场景,让学生在虚拟空间中进行软技能培训和职业实践。这将有助于提高学生的沟通、协作、领导和创新等软技能,为他们的职业生涯发展做好准备。同时,这种模拟实践可以让学生更好地了解各种职业的实际工作情况,帮助他们做出更明智的职业选择。

7. 游戏化学习与互动教学

VR 和 AR 技术可以用于开发具有高度互动和游戏化元素的在线教育应用。这将让学习变得更加有趣和吸引人,提高学生的学习积极性和参与度。同时,游戏化学习可以让学生在轻松愉快的氛围中掌握知识和技能,提高学习效果。

8. 空间和运动教育

VR 和 AR 技术可以用于模拟复杂的空间和运动场景,让学生在虚拟空间中进行空间感知和运动技能学习和训练。例如,在线体育课程可以利用 VR 技术让学生进行虚拟的运动操作和技巧训练,提高运动表现;在线航空课程可以利用 AR 技术让学生进行飞行模拟和导航操作,提高飞行技能。

8.5 未来在线教育的 5G 与物联网应用

未来在线教育将充分利用 5G 与物联网技术,为学生提供更高效、智能、互动的学习体验,概念图如图 8.5 所示。5G 技术带来的高速、低延迟、高可靠性网络将为在线教育创造无

图 8.5 未来在线教育的 5G 与物联网应用

限可能,物联网技术则将实现教育设备的智能互联和数据采集。5G 与物联网在未来在线教育中的某些环节可能发挥作用。

1. 高清视频与实时互动

5G 技术提供的高速网络将使在线教育中的高清视频传输和实时互动成为可能。教师可以在高清视频中展示复杂的教学内容,学生可以在实时互动中参与讨论和答疑。这将提高在线教育的教学质量和学习体验,缩小在线教育与传统教育之间的差距。

2. 远程实验与虚拟实践

5G 技术的低延迟特性将使远程实验和虚拟实践成为现实。学生可以通过在线教育平台实时操作远程实验室的设备和仪器,进行实验和实践操作。这将拓展在线教育的教学范围,培养学生的实际操作能力和创新能力。

3. 物联网设备与智能教室

物联网技术可以将教育设备和资源实现智能互联,为学生提供一体化的在线教育服务。例如,智能教室可以实时监测学生的学习状态和环境条件,为教师提供反馈,以便调整教学策略。此外,物联网设备还可以实现教学资源自动更新和优化,提高教育质量和效率。

4. 数据采集与学习分析

物联网技术可以实现教育设备和资源的实时数据采集,为学习分析提供丰富的信息。教师可以通过分析学生的学习数据,了解他们的学习进度和需求,为他们提供有针对性的支持和引导。同时,学习分析还可以帮助教育机构和政策制定者进行更有根据的决策。

5. 个性化学习与智能推荐

结合 5G 与物联网技术的在线教育平台可以根据学生的学习数据和行为特征,为他们提供个性化的学习方案和智能推荐。例如,平台可以推荐与学生兴趣和能力相匹配的课程、习题和学习资源,帮助他们提高学习效果和满足个性化需求。这将使在线教育变得更加灵活和人性化,为不同学生提供差异化的教育服务。

6. 地理无关性和边缘计算

5G技术将大幅度提高在线教育的地理无关性,使学生在全球范围内都能获得高质量的教育资源和服务。此外,边缘计算可以将计算任务分布在网络边缘,降低中心服务器的负荷,提高在线教育的运行效率和稳定性。

7. 跨界融合与创新应用

5G与物联网技术将推动在线教育与其他领域跨界融合和创新应用。例如,在线教育可以与虚拟现实、增强现实、人工智能等先进技术结合,为学生提供更加沉浸式和智能化的学习体验。同时,在线教育还可以与工业、医疗、农业等领域的实际应用结合,培养具有实践能力和创新精神的人才。

8.6 未来在线教育的云计算和边缘计算的应用

未来在线教育将充分利用云计算和边缘计算技术,为学生提供更高效、可扩展和安全的学习体验,概念图如图8.6所示。云计算将实现教育资源集中存储和管理,边缘计算则将提高在线教育的运行效率和实时性。云计算和边缘计算在未来在线教育中的某些环节可能发挥作用。

图8.6　未来在线教育的云计算和边缘计算的应用

1. 教育资源集中存储与管理

云计算可以实现教育资源集中存储和管理,使教师和学生可以随时随地访问课程、习题、学习资料等。这将提高在线教育的灵活性和可用性,降低教育资源维护和更新成本。

2. 弹性计算与可扩展性

云计算具有弹性计算能力,可以根据在线教育平台的实际需求动态调整计算资源。这将使在线教育具有更好的可扩展性,能够适应不断增长的学生数量和教育需求。

3. 数据分析与智能推荐

云计算可以提供强大的数据分析能力,帮助教育者分析学生的学习数据和行为特征,为他们提供有针对性的支持和引导。同时,云计算还可以实现教育资源智能推荐,根据学生的兴趣和能力为他们推荐合适的课程、习题和学习资源。

4. 安全与隐私保护

云计算提供了多层次的安全和隐私保护措施,确保在线教育数据安全存储和传输。这将有助于提高在线教育的信任度和可靠性,保护学生和教师的隐私权益。

5. 实时性与边缘计算

边缘计算将在线教育的计算任务分布在网络边缘,降低中心服务器的负荷,提高在线教育的运行效率和实时性。这将有助于实现实时互动、远程实验等对高延迟敏感的在线教育应用,为学生提供更好的学习体验。

6. 节能与环境友好

边缘计算可以将计算任务分布在离用户更近的网络边缘,减少数据传输的能耗和延迟。这将使在线教育更加节能和环境友好,有助于实现可持续发展的教育目标。

7. 无缝整合与跨平台支持

云计算和边缘计算技术可以实现在线教育平台、应用和服务无缝整合,使教师和学生可以在不同设备和操作系统上轻松访问和使用在线教育资源。这将提高在线教育的便捷性和兼容性,满足多样化的学习需求。

8. 创新教育应用与服务

云计算和边缘计算技术为在线教育创新应用和服务提供了坚实的基础。例如,在线教育可以与虚拟现实、增强现实、人工智能等先进技术结合,为学生提供更加沉浸式和智能化的学习体验。同时,在线教育还可以与工业、医疗、农业等领域的实际应用结合,培养具有实践能力和创新精神的人才。

8.7 未来在线教育的区块链的应用

未来在线教育将充分利用区块链技术，为学生提供更加安全、透明和可信赖的学习体验，概念图如图 8.7 所示。区块链技术具有去中心化、不可篡改和安全性高的特点，可以在在线教育领域发挥重要作用。区块链在未来在线教育中的某些环节可能发挥作用。

图 8.7　未来在线教育的区块链的应用

1. 学历和证书验证

区块链技术可以用于存储和验证学生的学历、证书等教育信息。通过区块链技术，学生可以获得加密的数字证书，防止伪造和篡改。同时，雇主和教育机构可以通过区块链平台快速、可靠地验证学生的学历和证书，降低验证成本和时间。

2. 知识产权保护

区块链技术可以为在线教育资源提供知识产权保护。教育资源的创建者可以将其作品上传至区块链平台，获得数字版权。这将有助于打击在线教育领域的盗版和侵权行为，保护创作者的权益。

3. 个人学习记录和成果追踪

区块链技术可以用于存储和追踪学生的个人学习记录和成果。学生可以在区块链平台上创建自己的学习档案，记录在线教育过程中的学习进度、成绩和反馈。这将有助于实现学生终身学习和跨学科、跨机构的学习成果迁移。

4. 安全和隐私保护

区块链技术具有高度安全性，可以确保在线教育数据安全存储和传输。同时，区块链技术的加密特性可以保护学生和教师的隐私信息，防止数据泄露和滥用。

5. 激励机制与积分系统

区块链技术可以用于建立在线教育的激励机制和积分系统。学生可以通过参与在线课程、完成习题等活动获得区块链积分，这些积分可以用于兑换教育资源、奖学金等。这将有助于提高学生的学习积极性和增强学习效果。

6. 去中心化的教育资源共享

区块链技术可以实现在线教育资源去中心化共享。教师和学生可以在区块链平台上发布和获取教育资源，打破传统教育资源中心化壁垒，促进教育公平和普及。这将有助于提高在线教育的资源利用率，缩小教育资源的地域和经济差距。

7. 透明化的教育治理

区块链技术可以提高在线教育的治理透明度。通过区块链技术，教育管理者可以对在线教育平台的运行数据进行实时监控，确保数据的真实性和完整性。同时，教育政策制定者、监管部门和社会公众也可以通过区块链平台监督在线教育的质量和公平性，提高教育治理的民主性和责任性。

8. 跨界合作与创新应用

区块链技术将推动在线教育与其他领域跨界合作和创新应用。例如，在线教育可以与金融、医疗、供应链等领域的区块链应用结合，实现教育与实际生产和服务深度融合。这将有助于培养具有实践能力和创新精神的人才，推动社会经济可持续发展。

8.8 未来在线教育的自适应学习技术的应用

自适应学习技术是一种利用大数据和算法分析，根据每个学生的学习需求、能力和进度个性化地定制学习内容和路径的教育方法。在未来的在线教育中，自适应学习技术将发挥越来越重要的作用，为学生提供更加高效和个性化的学习体验。自适应学习技术在未来在线教育中的某些环节可能发挥作用。

1. 个性化学习内容和路径

自适应学习技术可以根据学生的学习需求、能力和进度,为他们提供个性化的学习内容和路径。这将有助于提高学生的学习效果,减少学习挫折感,培养学生的兴趣和自主学习能力。

2. 实时反馈和学习支持

自适应学习技术可以实时分析学生的学习数据和行为特征,为他们提供及时的反馈和学习支持。这将有助于学生及时发现和解决学习困难,提高学习成果和效率。

3. 动态评估和能力分析

自适应学习技术可以对学生的学习能力和成果进行动态评估,实现个性化的能力分析和潜能挖掘。这将有助于教育者更好地了解学生的特点和需求,为他们提供有针对性的指导和支持。

4. 社群互动和协作学习

自适应学习技术可以根据学生的兴趣和能力,将他们分配到合适的学习社群,实现互动式和协作式学习。这将有助于培养学生的团队合作精神和沟通能力,拓宽学习视野和交际圈子。

5. 游戏化学习和激励机制

自适应学习技术可以将游戏化设计和激励机制引入在线教育,提高学生的学习积极性和增强学习效果。例如,学生可以通过完成任务、解锁关卡、获得积分等方式参与学习,体验成就感和快乐。

6. 教师辅助工具和智能教学

自适应学习技术可以为教师提供辅助工具和智能教学支持,帮助他们更好地管理和指导学生。例如,教师可以通过自适应学习平台实时了解学生的学习状况,为学生提供个性化的指导和反馈。同时,教师还可以利用自适应学习技术优化课程设计和教学策略,提高教学质量和效果。

7. 混合式学习和在线实践

自适应学习技术可以将在线教育与线下实践相结合,实现混合式学习。学生可以在自适应学习平台上学习理论知识,然后在实验室、企业等场所进行实践操作。这将有助于提高学生的实践能力和综合素质。

8. 终身学习和职业发展

自适应学习技术可以支持学生终身学习和职业发展。学生可以根据自己的兴趣和需求，随时随地学习新知识和技能，适应社会和经济的发展变化。同时，自适应学习技术还可以帮助学生规划职业道路，提高就业竞争力。

8.9 未来在线教育的社交媒体和协作工具整合的应用

随着在线教育的普及和技术的发展，社交媒体和协作工具在未来在线教育中的整合将发挥越来越重要的作用。它们可以增强学习者的互动性、参与度和协作能力，为学习者提供更丰富、更有趣的学习体验。

1. 增强学习互动

社交媒体和协作工具可以帮助学习者之间建立更紧密的联系，实现实时互动和交流。通过在线讨论、问答、评论等功能，学生可以相互解答问题、分享经验和资源，提高学习效果。

2. 建立学习社群

社交媒体和协作工具可以帮助学生建立学习社群，提供一个共享知识和经验的平台。在这些社群中，学生可以与来自不同地区、背景和领域的其他学习者建立联系，拓宽视野，促进跨文化交流。

3. 支持项目协作

协作工具可以帮助学生更有效地实施团队项目和任务。通过共享文档、日程安排、进度管理等功能，学生可以更好地分配任务、协调进度，提高团队协作能力和执行力。

4. 教师与学生沟通

社交媒体和协作工具可以让教师与学生保持紧密联系，提高沟通效率。教师可以通过在线平台发布通知、布置作业、答疑解惑，学生可以随时向教师请教问题、反馈学习情况。

5. 创造性学习和创新

社交媒体和协作工具可以激发学生的创造性思维和创新能力。学生可以在这些平台上发表自己的观点、作品和创意，与其他学习者进行碰撞和交流，培养创新思维和批判性思考能力。

6. 个人品牌塑造和职业发展

通过社交媒体和协作工具,学生可以展示自己的学习成果和技能,塑造个人品牌,提高就业竞争力。同时,这些平台还可以帮助学生建立职业关系网,获取更多的职业机会和发展资源。

在未来在线教育中,社交媒体和协作工具整合将为学生提供更加丰富和有趣的学习体验。通过这些平台,学生可以更好地互相交流、合作和分享资源,提高学习效果和参与度。教师也可以利用这些工具更有效地与学生沟通并给予指导和管理,提高教学质量。

未来在线教育将继续关注社交媒体和协作工具的发展趋势,探索更多创新的应用场景,以满足不断变化的教育需求和学习者的期望。这些技术的整合和应用将有助于培养具有全球视野、创新能力和协作精神的人才,推动教育事业可持续发展。

8.10 未来在线教育的智能硬件和可穿戴设备的应用

随着科技的快速发展,智能硬件和可穿戴设备在未来在线教育中的应用将变得越来越广泛,概念图如图 8.8 所示。这些设备可以为学习者提供便捷的学习方式,增强学习体验,提高学习效果。

图 8.8　未来在线教育的智能硬件和可穿戴设备的应用

1. 移动学习

智能硬件如平板、智能手机等设备可以使学习者随时随地进行在线学习,实现移动学习。这些设备可以让学习者利用通勤、等待等碎片化时间学习,提高学习效率。

2. 虚拟现实和增强现实教学

利用虚拟现实和增强现实技术,智能硬件可以为学习者提供沉浸式的学习体验。这些设备可以帮助学生更直观地理解抽象概念,提高学习质量和效果。

3. 可穿戴设备的健康监测

通过可穿戴设备如智能手表、健康手环等,教育者可以监测学习者的生理数据,如心率、血压等,从而关注学习者的健康状况。这些设备可以帮助学习者保持良好的学习状态,提高学习效果。

4. 人脸识别和生物识别技术

智能硬件可以集成人脸识别和生物识别技术,确保在线考试和认证的公平性和准确性。这些技术可以防止作弊行为,保证在线教育的质量和公信力。

5. 智能语音助手

智能语音助手如智能音箱、语音助手等设备可以为学习者提供语音识别和语音合成服务,帮助学习者进行听说练习。这些设备可以提高学习者的口语能力,特别适用于外语学习。

6. 物联网技术在教育中的应用

通过物联网技术,智能硬件可以与其他设备相互连接,实现数据实时传输和分析。这将有助于提高在线教育的数据采集和分析能力,为教育者提供更精确的教学反馈。

在未来在线教育中,智能硬件和可穿戴设备将发挥越来越重要的作用。这些设备可以为学习者提供更方便、更个性化的学习方式,帮助学习者更好地掌握知识和技能。同时,这些设备还可以为教育者提供丰富的数据支持,帮助他们更好地了解学生的学习状况,优化教学策略,提高教育质量。

随着技术的不断进步,智能硬件和可穿戴设备在未来在线教育中的应用将更加丰富多样。教育者和学习者需要密切关注这些设备的发展趋势,探索更多创新的应用场景,以适应教育领域的发展需求。这将有助于推动在线教育可持续发展,培养具有创新精神、实践能力和全球视野的人才。

8.11 未来在线教育的教育生态系统变革

未来在线教育发展将引领教育生态系统变革,这些变革将体现在多个方面。

1. 学习者中心的教育模式

未来在线教育将更加强调学习者的需求和个性化学习。教育者需要关注学生的兴趣、能力和发展潜力,为他们提供定制化的学习资源和教学策略。同时,学习者将在这个过程中发挥更加积极的作用,参与课程设计、评估和改进。

2. 以技能为导向的课程设计

随着经济和社会的快速发展,社会对技能培训和应用型人才的需求不断增加。未来在线教育需要关注这些需求,以技能为导向设计课程,帮助学习者掌握实用技能,提高就业竞争力。

3. 多元化的学习资源和渠道

在线教育将整合各种学习资源,如图书、视频、游戏、实验等,为学习者提供丰富多样的学习渠道。这些资源可以满足学习者不同的学习需求,激发他们的学习兴趣,提高学习效果。

4. 全球化的教育视野

在线教育将促进全球范围内的教育资源共享和合作,为学习者提供更广泛的学习机会。学生可以通过在线教育平台与来自不同国家、文化和背景的其他学生交流,拓宽视野,培养全球化思维和跨文化沟通能力。

5. 混合式学习和实践教育

未来在线教育将与线下教育相结合,实现混合式学习。学生可以在在线平台上学习理论知识,然后在实验室、企业等场所进行实践操作。这将有助于提高学生的实践能力和综合素质。

6. 数据驱动的教育决策

通过收集和分析学习数据,教育者可以更好地了解学生的学习状况,优化教学策略,提高教育质量。数据驱动的教育决策将使在线教育更加精确和高效,有利于培养具有创新能力和实践能力的人才。

7. 持续的教育创新和发展

未来在线教育将不断探索和应用新技术、新模式和新理念,不断推动教育创新和发展。教育者和学习者需要不断更新知识和技能,积极参与在线教育创新和发展中,推动教育生态系统变革。

未来在线教育将引领教育生态系统变革,从传统的知识传授转变为以学生为中心的个性化学习模式,从单一的课程资源转变为多元化的学习渠道和资源,从教育内部的局限性转变为全球化的教育视野和多元文化的交流合作。同时,未来在线教育还将不断探索和应用新技术、新模式和新理念,推动教育创新和发展,培养具有创新能力和实践能力的人才,为社会可持续发展和进步作出贡献。

8.12 未来在线教育的教师角色转变

未来在线教育发展将不仅使学生的学习方式和教育模式发生重大变革,也将对教师的角色和职责产生深刻的影响,概念图如图8.9所示。

图 8.9 未来在线教育的教师角色转变

1. 教师将成为学习的设计师

未来在线教育将更加关注学生的需求和个性化学习,教师将更多地扮演学习的设计师角色,负责课程设计和实施。他们需要了解学生的需求和特点,从而设计课程目标、学习任务和教学策略,为学生提供更加个性化、创新性和有效性的学习体验。

2. 教师将成为学习的指导者和支持者

未来在线教育将更加注重学生的自主学习和实践能力培养,教师将扮演学习的指导者和支持者角色。他们需要与学生建立紧密联系,提供指导和支持,促进学生学习和成长。

3. 教师将成为学习的评估者

在线教育将提供更多的学习数据和评估机制,教师将扮演学习的评估者角色,评估学生的学习成果和能力。他们需要了解学生的学习状况和表现，通过数据分析和反馈机制提供有效的学习反馈和指导，促进学生学习和进步。

4. 教师将成为在线教育的创新者和领导者

在线教育是一种全新的教育模式，教师需要了解其背后的技术和理念，掌握新的教学方法和工具，积极探索和实践教育创新，成为在线教育的领导者和创新者。

5. 教师将面临更高的教学要求和挑战

随着在线教育的普及，教师将面临更高的教学要求和挑战。他们需要不断更新自己的知识和技能，适应在线教育的发展和变化，为学生提供更好的学习体验和教学效果。

在未来在线教育中，教师的角色将面临深刻的变化和挑战。教师需要适应新的教育模式和教学方法，成为学习的设计师、指导者和评估者，同时还要成为在线教育的创新者和领导者，为学生提供更好的学习体验和教学效果。教师需要积极参与在线教育的发展中，掌握新的技术和理念，不断更新自己的知识和技能，提高自己的教学水平和教育质量。同时，教育机构和政府部门也需要给予教师更多的支持和培训，促进在线教育健康发展，为教师提供更好的工作环境和职业发展机会。

8.13　在线教育发展对未来大学教育的影响

在线教育发展对未来大学教育将产生深刻的影响，概念图如图 8.10 所示。

图 8.10　在线教育发展对未来大学教育的影响

1. 学生的学习方式和需求将发生变化

随着在线教育的普及和发展,学生的学习方式和需求将发生变化。未来大学教育需要更加注重学生的个性化学习需求和实践能力培养。传统大学的教育方式一般是以课堂为中心,教授相对固定的知识体系。未来的大学教育将更加注重学生的个性化学习,不同学生可以按照自己的学习需求和兴趣选择学习内容和课程,不再受固定的课程体系限制。同时,学生可以利用在线教育平台进行自主学习和实践,获得更加全面和实践性的知识和能力。

2. 教师的教学角色和要求将发生变化

未来在线教育将改变传统的教学模式,教师的教学角色和要求也将发生变化。传统大学的教学方式一般是以教师为中心,教师担任讲解和传授知识的角色。未来的大学教育将更加注重学生的自主学习和实践能力培养,教师需要更多地扮演学习的设计师、指导者和评估者的角色。他们需要更好地了解学生的学习需求和特点,设计和制定相应的课程目标、学习任务和教学策略,鼓励学生发挥主动性和创造力,为学生提供更好的学习体验和教学效果。

3. 教学质量和效率将得到提高

在线教育将通过各种技术手段和评估机制提高教学质量和效率。在线教育平台可以通过对学生的学习数据和表现进行分析和反馈,为教师提供更好的教学反馈和指导,促进学生学习和成长。同时,在线教育平台还可以提供更多的教学资源和学习机会,扩大教育资源的覆盖范围和受众面,为学生提供更加丰富和多元化的学习体验。

4. 大学课程和学位制度将发生变革

随着在线教育的普及和发展,大学课程和学位制度将发生变革。在线教育平台为学生提供更加多样化和灵活的课程选择,学生可以根据自己的学习需求和职业规划选择课程和专业。这意味着大学需要不断更新和改进课程及学位制度,适应在线教育的发展和变化。例如,大学可以将在线教育与传统教育相结合,开设线上和线下相结合的课程,提供更加多元化的学习体验和教育资源。大学还可以通过在线教育平台与其他大学合作,分享教育资源和课程,为学生提供更加丰富和多样化的学习机会。

5. 大学教育将更加国际化和多元化

在线教育将促进全球教育资源共享和合作,大学教育将更加国际化和多元化。在线教育平台为学生提供与来自不同国家和地区的学生交流和合作的机会,拓宽视野,培养全球化思维和跨文化沟通能力。同时,大学也可以通过在线教育平台开设跨国课程和项目,为学生提供更加国际化和多元化的学习体验和机会。

因此,大学需要积极适应在线教育的发展和变化,注重学生的个性化学习需求和实践能力培养,提高教学质量和效率,促进教育国际化和多元化。同时,大学还需要不断更新课程和学位制度,与其他大学合作,分享教育资源和课程,为学生提供更加丰富和多样化的学习机会和体验。

思考题

1.未来在线教育的持续发展方向有哪些?请列举几个具体方面进行分析。

2.技术创新对在线教育的未来发展有何影响?请以人工智能、虚拟现实等技术为例进行讨论。

3.未来在线教育中人工智能的应用有哪些方面?它们对教育的影响是怎样的?

4.虚拟现实和增强现实技术在在线教育中的应用前景如何?请以具体案例进行讨论。

5.未来在线教育与5G、物联网的结合将产生怎样的效果?请分析其潜在应用与影响。

课程论文研究方向

1.未来在线教育的发展方向与策略研究。

2.技术创新对在线教育的影响与应用研究。

3.人工智能在未来在线教育中的应用与效果评估。

4.虚拟现实与增强现实技术在在线教育中的应用与用户体验研究。

5.5G与物联网在在线教育中的应用与效果评估。